管理方法

钟 毅 ◎ 著

哈尔滨出版社
HARBIN PUBLISHING HOUSE

图书在版编目（CIP）数据

管理方法 / 钟毅著． -- 哈尔滨 ：哈尔滨出版社，2024.1
　ISBN 978-7-5484-7492-0

Ⅰ．①管… Ⅱ．①钟… Ⅲ．①企业管理 Ⅳ．①F272

中国国家版本馆CIP数据核字（2023）第160261号

书　　名：管理方法
　　　　　GUANLI FANGFA

作　　者：钟毅　著
责任编辑：韩金华
封面设计：树上微出版

出版发行：哈尔滨出版社（Harbin Publishing House）
社　　址：哈尔滨市香坊区泰山路82-9号　　邮编：150090
经　　销：全国新华书店
印　　刷：武汉市籍缘印刷厂
网　　址：www.hrbcbs.com
E-mail：hrbcbs@yeah.net
编辑版权热线：（0451）87900271　87900272
销售热线：（0451）87900202　87900203

开　　本：880mm×1230mm　1/32　　印张：10.75　　字数：188千字
版　　次：2024年1月第1版
印　　次：2024年1月第1次印刷
书　　号：ISBN 978-7-5484-7492-0
定　　价：78.00元

凡购本社图书发现印装错误，请与本社印制部联系调换。
服务热线：（0451）87900279

导　读

　　缘于一次契机，2008年5月20日起，我开始从事量贩式KTV娱乐工作，有幸得到叶生兴先生的指导进入管理系统。而我当时不知道，这竟会是我日后想奋斗终身的事业。2008年管理工作正式在我的职业生涯中奠基了！

　　在此后的管理工作中我又结识了陈松先生，在他的指导下，我对管理有了更开阔的思维，把运营管理做得更轻松、更高效。

　　在长期的工作中，不断通过多方面的努力，同时学习视频课程、线下课程，读书，有前辈们的指导及实践。在2019年，我审视自己后，致力于把这12年实战管理中有效的方法整理成《管理方法》一书，把我认为更有效且更浅显易懂的管理方法推荐给读者，同时也献给每一位KTV的奋斗者。

　　当然我希望更多人能了解本书中的管理方法，因此并未单一地从KTV角度入手，而是以更广泛的视角来让《管理方法》更具大众性。同时我已经有了接受大家意见和批评的心理准备。

目 录

第一部分　杠杆管理法　1

笔记1　不用比自己优秀的人企业将走向衰败　1

笔记2　管理者要认识系统管理　9

笔记3　你会管理你的老板吗　14

笔记4　你知道自己公司的愿景、使命、价值观吗？　23

笔记5　管理者的第一个问题　31

笔记6　打造教练型管理者　37

笔记7　雇用客户：让顾客帮你管理员工　47

第二部分　打造强有力的组织　51

笔记8　打造自驱力组织　51

笔记9　打造一支高效运转的团队　58

笔记10　给组织装一个净水器　66

笔记11　管理者一定要知道的破窗效应　71

笔记12　快速培训下属的方法　78

笔记13　如何管理团队的士气　84

笔记14　如何培养新员工　92

笔记15　态度好的员工跟能力强的员工你选哪一个　96

笔记16　怎样驾驭你的下属　101

笔记17　人多并非力量大：两个披萨原则　106

第三部分　有效沟通　115

笔记18　管理者必须学会的谈话　115

笔记19　管理者如何区分事实和观点　121

笔记20　没有解雇过员工不是个好管理者　126

笔记21　面试时让应聘者回去等消息影响企业声誉　132

笔记22　离职管理——让人才"离而不失"！　137

笔记23　"说"出画面感，让沟通更有效　142

笔记24　和团队成员谈心的技巧　147

笔记25　以退为进——权力有限策略　151

第四部分　营销力就是价值力　157

笔记26　顾客消费是为了什么？　157

笔记27　创造营销　163

笔记28　打造极致用户体验　170

笔记29　把公司做小，把客户做大　175

笔记30　飞轮效应　186

笔记31　管理者要学会用价格锚点　192

第五部分　内外兼修的领导力　199

笔记32　共情管理：每个人都渴望快乐地工作　199

笔记33　怎样用心理契约管理法　208

笔记34　把权力关进笼子里　214

笔记35　升迁太快，未必是好事　221

笔记36　管理者别再抱怨员工　226

笔记37　"分手"亦是朋友：离职员工大本营　232

笔记38　利用复利效应　237

笔记39　如何提升团队的执行力　247

笔记40　二八法则：重点培养公司的核心人才　256

笔记41　弗里施法则：先让员工满意，才有客户满意　264

第六部分　聪明地工作　271

  笔记42　一个员工不能有两个老板　271

  笔记43　让同事信赖的自我修炼　277

  笔记44　晋升不是越努力越幸运　282

  笔记45　职场沟通礼仪　291

  笔记46　学会聪明地工作　296

  笔记47　有效把握跳槽机会　305

  笔记48　警惕成为"职场透明人"　313

  笔记49　离开"能力陷阱"　320

番外篇　325

  笔记50　好的领导者必须看懂三张表　325

  笔记51　管理人不得不知的职场情感账户　331

第一部分　杠杆管理法

管理中我们要学会以小博大、借力打力，以最少的资源、最低的成本撬动员工最大的价值。

笔记1　不用比自己优秀的人企业将走向衰败

优秀的人才是风险最小、收益最高的杠杆。乔布斯说，一个出色的人才能顶50名平庸的员工，因此一名优秀员工相当于50倍杠杆。

一个领导者，一定要用比自己能力强的人。正如拜尔斯所说，要做成非凡的事情，你必须找到非凡的人物。

你的公司有"套娃现象"吗？

看到公司业绩下滑，你找来销售总监谈话。销售总监抱

管理方法

怨员工太不争气，好像那提线木偶，提一下动一下，还说这个季度的业绩可能要完不成，主要是因为现在的销售团队不仅缺乏野心，能力也越来越差，不像当年的他们一样，那真是虎狼之师啊。然后他问你，为了达成销售指标，能不能再多招几个销售，或者增加奖金刺激。

人海战术能解决业绩问题吗？提高奖金，真能改变能力的问题吗？为什么从总监到经理，再到员工，一级不如一级？

有可能你的问题不是出在用人上，而是出在选人上。因为选人不慎，你的公司出现了一种常见的管理现象：套娃现象。

关于套娃现象的由来，有这样一个故事，这发生在著名的广告公司——奥美广告公司中。

这家公司的创始人之一叫大卫·麦肯兹·奥格威。据说在公司一次内部董事会上，大卫·麦肯兹·奥格威安排工作人员在每位董事的桌前摆了一个俄罗斯套娃。奥格威让他们打开，当他们把一层更比一层小的娃娃像洋葱一样一层层打开，直到最后一层娃娃被打开时，里边出现了一张小纸条，上边赫然写着："如果你经常聘请比你弱小的人，将来我们就会变成一家侏儒公司，相反，如果你每次都雇用比你强大的人，日后我们必定成为一家巨人公司。"

这个故事非常有名，管理学界将之称为"奥格威法则"：善用比我们自己更优秀的人。奥格威法则所描述的这种现象,又被称为"套娃现象"。

公司里为何会出现套娃现象?

第一,管理者有不安全感。在一个金字塔式的组织里,晋升是最重要的获得名利和彰显地位的方式。如果招了一个比自己更优秀的人,管理者会有一种"对方总有一天会取代我"的隐忧。很多管理者的安全感都建立在"我必须是整个部门最优秀的"这个想法基础之上。

第二,沟通"懒政"。对于那些总能提出自己的方案和想法,和你"唱反调"的下属,你不愿意花时间去沟通,让他们提出数据或事实上的支持。你会认为那些总是赞同你、敬佩你、坚定地执行你的决定的下属,更容易沟通,以至于你的感觉越来越好,慢慢开始把对下属的掌控力,误解为团队的执行力,并享受这种观点的统一性,行动的一致性,然后,很高效率地做很低效果的事。

很多优秀的公司都在不断提高自己的人才水平,极力避免"套娃现象"。

Google 上市之前,一半员工是靠熟人推荐进来的。当时公司给 Google 的高级别的员工确立了一个推荐人的原则,必须推荐比自己更强的人。

谷歌公司认为:一流人才大多会找来一流人才,而二流

管理方法

人才会找来三流四流的人才。只有坚持优秀的标准,才能吸引人才。

谷歌前人力资源高级副总裁拉兹洛·博克接受彭博社采访时说,大多数公司不知道如何留住最优秀的人才,其实"人们不会为钱留下"。谷歌的前100名员工中,有超过三分之一的人还留在谷歌。博克说,人们会留在一家公司最主要的原因之一是"优秀的同事"。他说:"这就是为什么招人如此重要。"

正是在这样的用人原则的指导下,谷歌引进了很多优秀的人才,促进了谷歌的快速成长。

如何避免"套娃现象"?

公司应该如何避免"套娃现象",持续提高招人的水平呢?下面五个建议供大家参考:

一、解决安全感问题

优秀管理者的安全感,来自更广阔的发展空间。不让管理者在"一条道上走到天黑",有多种发展的可能性,才能给优秀员工以动力和希望。安全感,更来自自信。公司的支持,更多培训和独当一面的机会,能给管理者自信,从而他们心中容得下更优秀的下属。

二、公司的老板层对人才要超级重视

首先就是从老板做起,把引进人才当作头等大事来看

第一部分　杠杆管理法

待。成功的公司无一不是如此。

谷歌招人的标准极高，从行政助理到资深工程师，每个求职者都要经过主管、同事、雇用委员会、创始人之一拉里·佩奇的面试。在谷歌创立初期，主管每周要花4到10个小时面试，高级主管要花上一整天。

贝索斯认为在亚马逊最重要的决策就是找人，"宁可错过，也不错招"，贝索斯经常说，你的人就是你的企业，人不对，再怎么补救都没有用。贝索斯认为只有每次新雇用的人才都要比之前的好，才能不断提升下一批人才的水平。

在IBM，具备"野鸭精神"的人才受到青睐和重用。公司总经理沃森把丹麦哲学家哥尔科加德的一段名言作为自己的座右铭：野鸭或许能被人驯服，但是一旦被驯服，野鸭就失去了它的野性，再也无法海阔天空地自由飞翔了。沃森强调，对于那些我并不喜欢、却有真才的人的提升，我从不犹豫。我所寻找的就是那些个性强烈、不拘小节、有点野性，以及直言不讳的人。

雷军在总结小米的成功经验时，也特别强调人才是小米快速成功的关键。当初组建小米团队时，雷军前半年花了至少80%的时间找人，他幸运地找到了7个牛人合伙，他们全有技术背景，平均年龄42岁，经验极其丰富。3个本地人加5个海归，分别来自金山、谷歌、摩托罗拉、微软等公司。

5

雷军这样说，小米团队是小米成功的核心原因。为挖到聪明人，和一群聪明人一起共事而不惜一切代价。

三、将招聘能力作为管理者重要的考核指标

让管理者不忌惮新来的优秀人才，愿意招聘新员工，一个策略是优化完善对管理者的考核体系，不仅仅考核管理者的业绩和个人能力，同时要把招人能力也纳入考核范围。

根据招聘人员的业绩表现，对于负责招聘的管理者要给予一定的处罚或奖励。

在公司中，管理职位越高，知人善用的能力就越重要，华为总裁级别的管理层，几乎不参与具体业务决策。

任正非就说，我这个人啥都不懂，不懂技术，不懂管理，不懂财务，不就是用"一桶胶水"把你们组合在一起，又组合了18万员工，为我所用不就行了吗？

提高公司整体的选拔人才的能力，尤其是高层的管理者，对公司的成功至关重要。

四、制定严格的招聘流程

要招聘优秀的人才，需要有严格的招聘流程，比如：1）直属经理的上级，要参与面试，做最终决策。如果公司不大，建议CEO参与每一位员工的面试，杜绝直属经理招人的套娃心态；2）设定选人标准，新进员工的能力要超过其团队的平均能力水平，才予以录用；3）直属经理连续两次选人失

误，新进员工能力排名都在后 10% 的水平，扣除直属经理一定额度的年终奖。

我们可以参考亚马逊的招聘流程。亚马逊在招人的时候，有着极高的标准，其通过严谨的流程，精心设计的机制，持续提升组织的整体水平。

亚马逊是如何确保找到合适的人才呢？这得益于亚马逊招聘人才的五大策略：

第一，部门的招聘主管会与求职者进行一对一的沟通，确认其基本工作能力，同时要求具备符合亚马逊理念的特质。

第二，多个主管轮番面试，交叉确认。公司重要人员的招聘，创始人都要亲自面试。

第三，在亚马逊，面试官必须基于事实来给出录用理由，尽量避免被主观偏差所误导。每场面试结束后，面试官都要在亚马逊的系统中输入自己的反馈。

第四，确保员工的能力可以在亚马逊得到发挥。

第五，思考"这个人加入后，能否促进公司的成长"。

面试结束后，所有面试官会一起投票，只有全票通过的求职者才能被录取。如果有人反对录用，面试官就要一起讨论。

五、高薪酬福利

越早重视钱对员工的重要性，能越早稳固员工与企业的关系。关于这一点，谷歌公司的做法很值得参考，提供给对

管理方法

方无法拒绝的条件，丰厚的待遇、超长的假期、承诺员工可以做自己喜欢做的事，甚至股权奖励。很少有人能抵挡如此诱人的条件，所以谷歌总能找到优秀的人才。

阿里巴巴和腾讯都学习谷歌这种做法，重要岗位员工的工资一般都是要超越行业平均水平的两倍，这样公司挑人才就占有了主动权，他们很容易找到优秀人才。

吴军博士在《见识》一书中说，在工业社会中，一个最好的、最有效率的工人或许比一个一般的工人能多生产20%～30%的产品。但是，在信息社会中，一个最好的软件研发人员，能够比一个一般的软件人才多做出500%甚至1000%的贡献。

就像那句话说的，优秀的人才总是"很贵"，但却很值得。

管理启示

套娃现象，从表象上看，是一种因为不安全感和追求容易沟通，而产生的管理者倾向于找不如自己的下属，导致组织一代不如一代，最后走向衰落的现象。公司单从人性上要求管理者是不够的，要从背后的深层原因入手，从企业文化、管理机制和招聘机制上做根本的改变，才能将套娃现象发生的可能性降到最低。

寻找比你更出色的人，才可以有效地让你脱离事务，这样你就可以离开去考虑下一个蓝图。如维珍集团创始人之一理查德·布兰森所说,企业家不是管理人,企业家应该是非常擅长构想、创建新思路的人。

同时,作为CEO,你也要时刻反省自己是否就是"套娃现象"中最外面、最大的那个套娃。

笔记2 管理者要认识系统管理

人类最伟大的发明并不是轮子,而是轮轴。重要的是探索各领域(各种管理理论和管理工具)是如何相互补充的,以及在某个重大计划中如何将它们结合起来。

【美】丹尼尔·雷恩,阿瑟·贝德安:《管理思想史》

彼得·德鲁克说,管理要做的只有一件事情,就是如何对抗熵增。只有在这个过程中,企业的生命力才会增加,而不是默默走向死亡。

的确,对于不断发展的企业而言,其在某个特定时期能够投入的管理精力和资源是有限的。在没有任何先进制度约束与科学管理介入的情况下,会出现组织架构臃肿,员工官

管理方法

僚化，企业整体效率和创新能力下降，甚至因无法适应复杂变化的市场环境而被淘汰的现象……用熵来解释，这些其实都是必然的。

无论在管理学理论界还是企业界，组织与个人的关系一直是充满争议的领地，即使是很小的企业也不例外。你开了一家川菜馆，生意时好时坏，但这不是令你最头疼的事情，令你最头疼的事情是，生意的好坏并不是完全由你控制，而是与大厨每天的表现有很大的关系。为了提高大厨的积极性，你决定按每天的销量，给他一定比例的提成。你欣喜地发现，饭馆的生意确实越来越好了，但同时，食材的用量尤其是肉类的用量也在急剧增加。原来，大厨为了更多销量和更多提成，在每份菜里，增加了分量，客人们很喜欢，回头客增多了，销量提升了，大厨也拿了不少提成，但菜馆反而亏了。你想这样不行啊，改为固定工资吧，大不了我发高一点，激发善意嘛。你焦虑地发现，菜馆生意越来越差，因为大厨开始减少菜量，厨艺发挥也不稳定，依心情而定，客人抱怨越来越多，最后都不来了。而大厨反正拿固定高工资，更乐得清闲。一家非常小的菜馆，居然也有让人头疼的管理困境。那怎么办呢？解雇这个川菜大厨吗？如果下一个大厨也这样呢？

第一部分　杠杆管理法

为何需要系统管理

系统管理的作用，本质上就是要在个人目标与企业目标、个人利益与企业利益之间搭建桥梁，达到平衡，创造最优解。美国管理学家弗里蒙特·卡斯特和罗森茨韦克认为，公司是一个由各种要素组成的系统，人和其他生产资料一样，都是这个系统中的要素。差别是，人这个要素是主动的，而其他要素是被动的。我们当然要激发善意，这有助于提升"人"这个要素的"主动性"，但同时，我们也要理清包括人在内的所有要素之间的关系，构建有效系统，这样才能产生巨大的整体价值。这一学派被称为系统管理学派。系统管理，就是通过设计系统，来构建人与人，人与财，人与物之间的最佳关系，最终提高管理效率。

弗里蒙特·卡斯特是西方管理学中权变理论学派的代表人物。1963年，卡斯特与罗森茨韦克合著了《系统理论与管理》一书，全面地阐述了系统管理的观点，此书成为卡斯特创立系统管理理论的奠基之作。

1970年，卡斯特与罗森茨韦克合著《组织与管理：系统与权变方法》一书。此后，系统管理理论曾经一度风靡管理学界。在此书中，他们认为，组织可以被看作一个开放系统，它与其环境相互作用。它由5个主要部分组成：目标与价值子系统，技术子系统，结构子系统，社会心理子系统，管理

管理方法

子系统。在复杂组织的管理系统中,有 3 个分层系统或层次:作业子系统、协调子系统、战略子系统。作业子系统负责实际工作任务的完成。战略子系统将组织的活动与组织的环境联系起来。协调子系统负责垂直的(战略与作业)和水平的(在同级的不同职能之间)联合协调活动。管理者必须把各个子系统及它们在具体环境中的活动结合起来,加以平衡。

如何设计周密的好系统?

七个和尚住一起,每天共喝一锅粥,他们每天都觉得不够。一开始,他们抓阄决定谁分粥,结果,每次都是分粥的那个人分得最多,其他人都吃不饱。后来,他们推举七人中道德最高尚的和尚分粥。结果,大家想尽办法讨好他,贿赂他,导致腐败。再后来,他们组成一个三人分粥委员会,四人评选委员会,结果,大家互相攻击,相互扯皮,粥都凉了还没结果。最后,他们想出一个办法:轮流分粥,但是分粥的人要等其他人挑完后,拿剩下的最后一碗。为了不让自己的粥最少,分粥的人必须想尽办法平均分。从此,大家和和气气,日子越过越好。这七个和尚,先后使用了四种不同的"管理系统",结果证明,只有第四套系统,才是最高效的。错误的系统,甚至会把道德高尚的人,变得贪婪。

再看那个川菜馆,老板可以先设定一个目标销售额,大

第一部分　杠杆管理法

厨在销售额之内拿工资，销售额之上，拿利润的 50% 作为奖金。奖金发放的前提是每月食材的耗损量，在正常值 20% 内波动。这个分钱的方法，能把大厨的利益和菜馆绑定起来。

一个好的系统，就是要平衡人、财、物的关系，减少对人的依赖，也就是减少不确定性。作为 CEO，要先学会分钱，才能学会赚钱。如何花钱，就是该花多少，怎么花，谁决定该不该花。比如那个川菜馆，配菜是关键的花钱环节，怎么花，谁决定该不该花？最简单的方法，就是菜的分量，让老板娘来放，让关键资源、关键环节，掌握在关键的人手中。如何赚钱，就是什么样的目标、战略、流程、任务，被证明是能赚钱的？能提炼吗？能标准化吗？比如那个川菜馆，老板熟知自己的业务后，确定最佳做法后，可以制定 SOP（流程规范），配菜的量，调料的量，大米的品质等，具体都可以规定。这样就把赚钱的核心能力，菜的品质，从依赖大厨，变成依赖流程。

管理启示

系统管理，就是通过设计系统，来构建人与人、人与财、人与物之间的最佳关系，最终提高管理效率。人的主动性重要，好的管理系统也重要，因为好的管理系统可以使坏人变好，坏的管理系统可以让好人变坏。

不过，我们要注意的是，并不存在让人一劳永逸的管理

13

管理方法

体系。在企业成长受到管理制约转而注重企业内部管理工作的开展时，不少管理者常常希望管理能够一步到位：通过一两年时间的集中努力，做好企业内部管理各项工作，然后就可以将主要精力投入企业的业务经营中。但事实上，有效的管理体系并不能够一步到位。随着企业内外部环境的变化和企业的发展，过不了多久我们就会发现：经营一两年时间集中建设起来的管理体系，逐渐又与发展了的情况不相适应，又面临着再一次的建设和调整。在企业管理中管理者要根据企业所处的内外条件随机应变，在稳定性、持续性、适应性、革新性之间保持动态的平衡。

笔记3 你会管理你的老板吗

最好的向上管理就是：通过自己的努力和老板的支持创造自己在职场上无可取代的价值。

"致力于改善人们的工作生活"的Slack平台，在最近关于团队工作的报告中发现："10%的法国受访者认为'等级制度'是工作中最大的个人挑战"。这揭示了一个事实，

第一部分　杠杆管理法

即我们经常过于依赖领导职位的人来做出关键决定,这难免会大大降低团队的工作效率。这就涉及"向上管理"的艺术和科学,以及管理者如何创造一种鼓励双向对话的团队文化。

什么是向上管理?

管理大师杜拉克说:你不必喜欢、崇拜或憎恨你的老板,但你必须管理他,让他为你的成效、成果和成功提供资源。

向上管理——就是一种向对你有管理权力的人,建立更好的关系以施加决策影响力的艺术——看起来有很多不同的东西。它可能涉及:

让你的老板按时完成;

将新信息带入决策过程;

针对长期存在的挑战提出创新解决方案。

在很多职场新人眼里,"管理"似乎离他们还很远——那不是领导该做的事吗?做好员工的本职工作就行了。但在管理奇才杰克·韦尔奇的助手罗塞娜·博得斯基看来,管理需要资源,而资源的分配权力在你的老板手上。所以,当你需要获得工作的资源时,就离不开"向上管理"。于是,她把和老板一起工作的经验写成了一本书,叫《向上管理:做副手的学问》。她在书中第一次提出了"向上管理"(ManagingUp)的概念。

15

管理方法

职场上,职场新人与上司之间存在着时间与资源不对等的状况。员工的资源少,时间多;上级的资源多,时间少。因此,当你需要获得工作的资源时,就需要对老板进行管理。但其实,你并不真的拥有管理你老板的权力,比如你不能给他发工资、定奖金、给绩效打分,或者把他叫到你办公室来骂一顿。"向上管理"能很好地将双方的劣势转化为优势,形成 1+1>2 的局面。比如,作为普通员工的你,可以利用自己的时间,为老板做一些日常决策;而老板在公司内外的资源,也会帮助你更好地开展团队协作。

"向上管理"是一种有趣的说法,其本质是一种影响力,一种更高超的影响力,用来影响那些对你有管理权力的人。

为什么要"向上管理"

人们很容易认为,如果我们遇到一个糟糕的老板,我们才需要向上管理。但事实上,再好的老板也需要管理。职业生涯规划专家古典讲过一个故事:有人在中国香港参加一个国际大公司的酒会,不一会儿公司 CEO 到场,会场里的中国人都下意识地往后退,而很多外国人都下意识地往前凑。

这个举动反映出两种不同的心态:大多数中国人觉得老板代表权威,而外国人却认为老板意味着资源。

权威是使人畏惧的,所以才有了"退";而资源是人人

第一部分　杠杆管理法

都向往的，会使人往前"靠"。大多数人习惯把上司当成权威，于是跟老板接触时总有畏惧的心理，觉得一般人怎么会有资格管理上级呢？

但其实"向上管理"的意义也不仅仅是简单的约束、限制，更多的是一个建立信任的过程。进行"向上管理"，不仅可以把职场道路变得更加平坦，甚至可以帮你建立和领导之间的长期信任关系，这对双方来说是双赢的结果。

如果我们将追随者从权力结构重新构建为关系结构，我们就会打开一个广阔的选择和代理世界，《向上管理》一书的作者玛丽·阿巴杰说，在一段关系中，每个人都有代理权。

使用此代理机构可以帮助员工培养沟通技巧，从而在个人和职业生活的各个方面为他们服务。信息不对称是造成沟通障碍的最主要原因，而"向上管理"则可以让信息逆向流动起来，从而填平双方的信息差。职场新人可以从上司那里获得一些管理层面的消息，更好地理解公司的决策和未来发展方向；而管理者可从员工那里获得执行层面的信息，方便制订更好的角色分配计划和未来规划。在提出向上管理的案例时，阿巴杰说，向上管理可以让你练习驾驭和影响那些工作方式与你不同的人。"

管理方法

"向上管理"的基本原则

罗塞娜·博得斯基在《向上管理：做副手的学问》中提出了"向上管理"的4个基本要素：汇报是一种态度，准时是一种能力，建立信任是核心，获得授权是目的。

"向上管理"，其实只需要做到3件事：

1. 了解你的上级

对于你"向上管理"的目标，了解对方的需求才能对症下药。先摸清上级的职场目标、性格特征及工作方式，再根据这些完善自己的工作方式，相信会取得很好的效果。

获得更多背景信息的最快方法是提出战略性问题，并密切关注答案。福布斯撰稿人达纳·布朗利建议问这样的问题，"有什么事情让你夜不能寐？"和"你在工作场所／交流中最讨厌的事情是什么？"作为突破口。

2013年，软件公司"向后探索"（QuestBack）的联合创始人之一兼前首席执行官伊瓦尔·克洛格拉德在《纽约时报》的一篇文章中提到，他开发了一页纸的"用户手册"，让员工了解他的沟通方式和偏好。

问这些问题的时候一定要自然不要刻意，也不必占用上级的工作时间。下次你们一起坐电梯时，你可以问一些策略性的问题，或者建议在开始团队会议时提出一个快速的问题，这将有助于每个人学会更好地合作。

询问这些信息可能很有启发性。你可能会发现你的老板有你不知道的外部压力，或者更喜欢通过电话而不是电子邮件来澄清信息。一旦你有了这个背景，传达你的信息（也就是向上管理）就变得不那么令人生畏了。

2. 评估自己的需要

"向上管理"的最终目的其实是为自己服务，为了让职场道路走得更顺，你与领导需要互相成就。而只有先倾听自己的需要，才能更好地让领导为自己服务。比如，你擅长数据分析类的工作，逻辑思维和统筹分析能力较强，但是创造力和想象力相对一般，那么在你"向上管理"时，就要清晰地向领导传达这个信息。这样领导在后续的工作中，便会将更多你擅长的工作交给你，而不是每次都让你完成不擅长的事情。

3. 发展和上级的关系

首先，要尊重对方的工作风格，因为对方工作年限长，所以对工作更加游刃有余，你不要因此而自卑；其次，待人真诚，去发掘、看见老板的优势和优点，不要欺瞒或者算计对方；最后，用自身的知识和工作成绩为老板创造价值的同时，也可以利用上司的资源和人脉，为自己的工作提供帮助。

如何实现"向上管理"

英特尔前总裁格鲁夫曾在《格鲁夫给经理人的第一课》

管理方法

一书中，提出过管理者的产出公式：经理人的产出＝他直接管辖部门的产出＋他间接影响所及部门的产出。

不管是企业、学校还是医院，其产出都是团队合作的结果。同理，我们把这个概念延伸到每位员工身上，可以得出：一位职员的产出，是组织中向他报告或受他影响的所有人产出的总和。以这个角度来考虑，一个人能做好他的分内事并且臻于完善，并不全是他的产出：如果他能够影响周围同事，甚至是上级，这个人的产出便是这两群人的产出总和。简单地说，要学会让领导帮你干活。那么具体如何实现呢？我们可以从以下几个方面入手。

1. 给上级打造安全感

其实上级也有不安全感，就是交代下属的工作不能及时知道是否顺利，如果过问太频繁又怕引起下属反感和不信任。

许多人非常害怕向上级反馈工作。如果老板问起，便会很紧张地三言两语蒙混过去；如果老板不问，甚至可以一直拖到截止日期。这样的做法非常不明智，让老板信任你，你首先要"送"他一个权力：知情权。什么叫知情权？就是主动地汇报自己的工作进展。

"老板，您昨天交代的事情我已经在办了。今天上午去拜访了客户，王总不在，说要下周回来。我和他的同事聊了一个小时，很有收获。根据沟通，我会修正一下方案，这周

第一部分　杠杆管理法

五前邮件发给您。我下周一会再去拜访。有进一步情况，我再向您汇报。"老板看到这样一条微信，估计只会说一个字：好。但是，这个"好"字背后，是放心，是信任。

建立信任，更重要的是，严格按照时间线，兑现你的承诺。不要拖延！"这周五前邮件发给您"。那周四下班之前，这个方案一定、一定、一定要发给老板。不要有侥幸心理，说周五早上9点之前行吗？值得放心、信任，就不能让老板有不安全感，哪怕只有几个小时也不可以！

给上级打造安全感的重点其实并不在于沟通，而是加深老板对你"靠谱，凡事有着落，一直在工作"的印象，要随时让对方知道你的进度。如果遇到困难，你不妨给领导一点儿参与感，让领导和你一起面对挑战，你们之间才会形成团队的氛围，从而建立更长久的信任和信心。

2. 试着帮上司做决策

有一种员工遇见问题不分大小，总去问老板，还自以为是尊重老板，殊不知这只是在给老板找麻烦——对方工作那么忙，还要帮你做琐碎的决定；另一种员工，自己会思考，想好了abcde几种解决方案，最后比较a和b两种，拿不定主意，去让老板给一些参考意见。如果你是老板，你会更看重哪种员工？

挑错儿谁都会，但解决问题是一种能力。老板需要员工

21

管理方法

为他解决棘手的问题。而在帮上司做决策的同时，你的决策能力也会得到提升。如果你日后希望走上管理岗位，那么不妨从日常工作开始锻炼决策能力。

3. 管理领导的预期

《哈佛商业评论》有很多向上管理与适度自我营销的文章，综合多篇文章我们可得出结论，向上管理绝不是每天找上级谈条件，要升迁、要加薪、吹嘘自己有多棒，前提仍是要在期限内，达成公司赋予的任务与目标。

上级在交办任何一项工作时，对工作的交付时间及交付质量都是有预期的。对于上级明确要求交付质量的工作，你若在规定的时间内不能达到上级预期的交付质量，要及时与对方沟通，说明原因，获得理解，进而调整交付质量的标准。对于上级未明确要求交付质量的工作，你应该在交付工作待办时就主动与之沟通，帮助厘清工作的交付质量。这样每次的工作结果，都在上级的预期内，上级对员工的信任度也会随之提升，信任度提升的结果就是会交办给你更加重要的工作，这会对员工的长远发展有帮助。

做事的方法、过程，合乎公司的期待；尊重与理解上级的立场；重视团队的利益，而非只有个人的利益等。这些前提若能达成，再来适当表达自己，才是恰当的。

第一部分　杠杆管理法

管理启示

　　向上管理的目的，不是办公室政治，不是溜须拍马。向上管理的目的，是利用高超的影响力，善用老板掌握的资源，达成企业、部门和自己的目标。做好"向上管理"不容易，它是对工作能力的极大考验，不仅需要对信息处理、时间管理、待人接物都有很强的学习和理解能力，同时也需要在情感方面，为上级提供其所需要的安全感和信赖感。"向上管理"不是简单的摆平领导，而是慢慢凝练出一个人的影响力。

　　有时候人们说，"操着老板的心，想着老板的事"，这是很有必要的，你一旦想对了方向，就可以突破个人的升级界限。

笔记 4　你知道自己公司的愿景、使命、价值观吗？

　　你要非常清楚，企业最终要实现的目标是什么，企业的使命是什么，而这就是使企业独一无二脱颖而出的点。不要把注意力放在太多事情上，精力分散得越少，企业就会做得越好，而且沟通效率和执行力都会提高。

领英原 CEO 杰夫·维纳

管理方法

常有人问:"企业一定要有愿景、使命、价值观吗?"当然需要而且必要,《人类简史》中就充分解答了故事对于人类的重要性。未知愿景超过实际能力,可以调动更大规模的信念力量,不仅在新型科技领域,这同样体现在社会、文化、管理、经济等我们生活的方方面面。

很多企业思考的问题,自始至终都是"怎样赚钱",却很少思考"为什么赚钱"。殊不知未知价值远超已知价值,应用在企业,就是企业文化重要性超越一切,如果确信文化,企业就能获得最大力量源,这种驱动力远超管理和薪酬刺激。所以,作为 CEO,一定要想清楚,到底什么才是这家企业的梦想和文化。把梦想当成目标,赚钱当成结果,这家企业,才可能是万众一心、富有战斗力的伟大企业。

为什么要有愿景、使命、价值观?

1. 吸引、凝聚优秀的人才

人才才是企业最大的竞争力,普通的小公司靠什么吸引优秀的人才?很多初创公司也许会想:我还是一个小公司,无法和那些大公司一样开出优厚的条件。

但是你要明白,所有的大公司几乎都是从小公司发展起来的。

马云 1999 年在自己家里和"18 罗汉"创业,工资不过

500，却吸引到了蔡崇信这样年薪过百万的人才；乔布斯和沃兹尼亚克在车库捣鼓计算机，能吸引到他们商业导师马库拉入伙。

所以你和乔布斯、和马云的差距，不在于公司的规模，也不在于行业，而在于你们的认知、志向和愿景。如果你做的事情有足够的潜力，自然能吸引到那些优秀的人才。

2. 有助于领导力的培养

领导力之父沃伦·本尼斯认为，真正的领导者不是天生的，而是后天造就的，并且通常是自我造就的。领导者创造自己。领导者创造自己的方式就是培养自己的品格和愿景。

伟大的领导人通常都有一个远景。通过明确解释他们的远景和目标，他们就激活了人们大脑的资深系统。当该远景变得更接近现实的时候，越来越多的多巴胺就会被释放。远景越明确，多巴胺的释放就越多，就会吸引人们靠近，激发人们的热情去完成目标。

所以，永远不要觉得自己对使命、愿景和社会目标的强调有过度之嫌，应当反复向员工重申，并让他们用自己的话复述。

何为愿景、使命、价值观

第一，愿景（Vision），就是梦想。是一幅未来画面，其中明确或含蓄地提示了人们应该为这样的未来努力的理由。

管理方法

作为CEO,你要想想,因为你的存在,10年、20年后的世界是什么样子。画面感越强,越能激发憧憬。比如微软的愿景:每个人的桌面上,都有一台计算机。当然,改变世界的,是高级愿景。有不少公司的愿景,不是改变世界,而是成就自己。比如谷歌"为世界提供一项重要服务——即时提供几乎任何主题的相关信息";麦当劳:控制全球食品服务业。不管是改变世界,还是成就自己,只要是真的心向往之,能点燃激情,就不要怕愿景太大。万一实现了呢。

第二,使命(Mission),是企业创立和发展的意义。包含了企业家创业时的初心,就是我的企业为什么而存在,到底在做什么,在实现改变世界的愿景的路上,扮演什么角色。微软的使命是"通过软件,释放企业和个人的全部潜能",通用电气的使命是"让天下亮起来",迪士尼的使命是"让世界快乐起来"。

你一旦有了明确的"干什么",以及因此"不干什么"的使命后,才会制订出清晰的战略,避免"瞎忙"。

第三,价值观(Values),是企业内部需要达成的一致认同、遵守的底线、行为准则和信仰。

一个企业,明文规定什么能做、什么不能做,永远是有限的。当员工面临复杂的商业环境,想不起来规章制度,或者就算想起来也找不到对应的规定时,价值观,也就是企业的道德标准，就成为一个基础依据。优秀的公司把价值观视为企业的DNA，融入员工一言一行及对客户的承诺中。比如IBM的价值观是：成就客户、创新为要、诚信负责；阿里的价值观是：客户第一，拥抱变化，团队合作，诚信，激情，敬业。

值得特别说明的是，一个公司的使命、愿景、价值观并不是长期不变的，需要根据市场及业务发展随时更新调整。

比如，微软在PC时代提出了伟大的愿景"让每个家庭，每张办公桌上都有一台电脑"，这个目标把微软带上了2000年的市值巅峰。随后的10年，起码在发达国家微软的愿景实现了。但我们也发现每张办公桌上可以没有计算机，但不能没有智能手机。在进入移动互联网领域，微软明显慢了下来，收购诺基亚，手机端Windows……没有了方向的盲目努力带来的只有股价和品牌价值的节节倒退。萨提亚接任CEO后提出重拾灵魂精神，而这个灵魂就是让每一个人和每一组织都能获得强大的技术，即技术全民化。如今的微软已经重回巅峰。

这些年埃森哲、爱立信等企业都在重新定义自己的愿景、使命和价值观，期望能够在新时代焕发新的活力。

如此来说，使命、愿景、价值观不仅仅等同于企业文化，更是企业品牌的核心内涵，更是业务战略、运营管理的顶层规划。

管理方法

共创愿景、使命、价值观

不少企业的使命和愿景大多来自企业创始人团队,有的甚至是老板想好了让员工背熟了就行。但常常结果是员工不理解,执行不到位。如果能让员工参与到了解、讨论的过程,对于打造内部企业文化及员工作为品牌宣传大使有着极其重要的作用。

内部讨论有了结论之后,有些企业还会引入广告公司,做文案打磨及企业形象的重新设计。朗朗上口的 slogan 容易让人记住并乐于传播。

比如 1961 年,时任美国总统约翰·肯尼迪曾经发表一个著名呼吁——10 年内要将人类送上月球,再平安地接回来。

如果肯尼迪是某公司的首席执行官,按照现在最流行的说法,他大概会说:"我们的愿景是成为太空工业的全球领导者,使命是帮助人类登上月球,战略目标是通过创新,团结全体员工来实现航天创举……"

哪个说法更激动人心,引人遐想?很显然是第一个,短短一句话就动员了数百万美国人为之奋斗了整整 10 年。

最终,愿景、使命、价值观的达成不是简单开一次会就有结论的,不少公司甚至花 1~2 年的时间来充分调研、探讨、共创。

第一,深挖公司使命

第一部分　杠杆管理法

首先，仔细审视一下你的公司使命。为什么用户和雇员没有对你的公司使命做出什么回应？不回应的原因并不是这个使命本身不够准确，而是它呈现出来的方式不恰当。你要先挑出你的公司使命中那些典型的陈词滥调，这部分内容会让你的听众感到厌倦，比如那句典型的"向用户和雇员做出承诺"。这样的话语极其模糊，没有实质意义，听众自然也就"不予理会"了。

从某个层面上讲，"使命设定"是一种吸引用户消费你的产品或服务而非你的竞争对手的产品或服务的商业手段，这是因为用户相信所有其他公司有的那些内容你也有。你的雇员们也加入这个挖掘探索之旅时，你会看到他们将找到和你不同的角度。

请记住，此刻你的目标是继续找到公司使命的核心，重新定义它。坚持这么做下去，直到你找到一个简短的、引人入胜的、有魅力的"使命设定"。

第二，用一个引人入胜的故事描绘你的愿景

如今的人们，不会再盲目地接收他人的信息了！今天的用户和雇员不想让你告诉他们任何东西。用户和雇员都希望你有一个对未来的愿景，在这个愿景中，你需要说明你的产品、服务或雇用制度将如何影响他们。

唯一有效地传达你的愿景的方法就是给他们讲一个故

管理方法

事，让他们投入其中！

你可以通过极其生动的叙述，为你的听众描绘出一幅"文字的图画"，把你想传递的信息形象化，借助任何渠道或媒体平台都可以。或者，你也可以借助技术手段，用实实在在的图像——就像电影导演或电视新闻导播那样，对观众讲述你的愿景。

第三，聚焦点应是愿景的好处，而非其特点

不要只顾着描述愿景，而要显示愿景将如何满足员工的需求和愿望，以及如何改善他们的处境。例如，不要说："这样做可以在3年内削减20%的成本。"可以改成说："10年来，我们第一次可以和顾客及供应商讨论'真正'的问题。过去我们一直希望谈论这些问题，但是直到今天才办得到。"

第四，不用高高在上的"我们"，改用代表你个人的"我"

当你说"这是我们公司支持的愿景"时，就意味着你已经想当然地假定，在场聆听的人，因为他们就是员工，所以必定会受到激励和鼓舞。相反，这种语气必然会激起下属员工的反感。你应该表明的是，为什么这个愿景对你个人很重要，以及它对你个人而言，又有什么特殊意义。

管理启示

基于一种本能，人类终其一生都在追寻一种意义感，愿景、使命、价值观就是这种意义感的承载方式。如果把"赚钱"当梦想，那么每个员工很容易失去意义感。所以，作为 CEO，一定要想清楚，到底什么才是这家企业的梦想。把梦想当成目标，赚钱当成结果，这家企业，才可能是万众一心、富有战斗力的伟大企业。最终，愿景、使命、价值观的达成不是在内部建立了共识，也不是刷在墙上或者写在公司网页上就完了，而是扎扎实实地通过产品、服务、社会责任来一一体现。

笔记 5　管理者的第一个问题

最优秀的主管可能不是最轻松的，但肯定不是最累的。

在许多人的印象里，称职的管理者最好是一个"全才"。"老板能干就让他干好了，图个轻松"。企业里持这种想法的人不在少数。

尤其是一些刚刚晋升的管理者，他们为了能快速做出成效给上级留下好的印象，在看到下面的员工做得不好时，直接上手大包大揽，久而久之，从难做的事、难搞定的客户——

管理方法

你来搞定,变成了普通但麻烦的事和客户——也是你来搞定,你都快累死了,累得都没有时间思考整个团队的发展方向了。这样的场景,在全世界的每个角落,每家公司,每天都在发生。

这样的老板确实用更少的时间解决了问题,得到了更好的结果。但他们却犯了几乎每一个初级管理者都会犯的错误,这个错误就叫:放着我来。拿主管的工资,抢员工的工作,你越来越忙,甚至成为瓶颈,但员工却没有成长,更没有成就感。

古狄逊定理:当不好领导不是做得太少,而是做得太多

在管理工作中,我们会发现有不少管理者经常因为担心员工做不好,而把事情都往自己身上揽,然后把自己陷在琐碎的事情当中,无暇顾及更重要的事情,从而导致领导的彻底失败。

针对这种情况,英国证券交易所前主管 N·古狄逊总结出了著名的管理学经典——"古狄逊定理",该理论指出:管理是让别人干活的艺术,一个累坏了的管理者,是一个最差劲的管理者。

"古狄逊定理",应该是你从员工到经理必须学会的第一

个定理；他们都不如我——是你心理上必须迈过去的第一道坎，也是衡量你能否成为一名合格的管理者，必经的第一道生死门。

管理者，替员工的工作想得太多、做得太多都是逾界。管理大师彼得·德鲁克曾经说过：注重治理行为的结果而不是监控行为，让治理进入一个自我控制的治理状态。为了进入这种状态，治理者应该管好头和脚。

一个企业的发展壮大不能光靠一个或几个管理者，必须依靠广大员工的积极努力，借助他们的才能和智慧，群策群力才能逐步把企业推向前进。再能干的领导，也只是一个火车头，也要借助他人的智慧和能力来充当火车车厢，这样才能共同创造出价值。

管理者应如何参悟"古狄逊定理"打开局面？

有这样一个故事：

有一天，一个男孩问迪士尼的创办人华特："你画米老鼠吗？"

"不，我不画。"华特说。

"那么你负责想所有的笑话和点子吗？"

"也不。我不做这些。"

管理方法

男孩很困惑，接着追问："那么，迪士尼先生，你到底都做些什么啊？"

华特笑了笑，回答说："有时我把自己当作一只小蜜蜂，从片厂一角飞到另一角，搜集花粉，给每个人打打气，我猜，这就是我的工作。"

在童言童语之间，一个管理者的职能不言而喻。不过，一个团队管理者不只是会替人打气的小蜜蜂，还是团队中的灵魂人物。他应该做到三件事：

第一，学会授权。

管理的真谛不是要管理者自己什么都会做，而是要管理者管理别人做事。成熟的管理者会把一部分权力和事情分配给能够胜任的下属。李嘉诚曾说：假如今日没有那么多人替我办事，我就算有三头六臂，也没有办法应付那么多的事情，所以成就事业最关键的是要有人帮助你，乐意跟你工作，这就是我的哲学。

韩非子说："下君尽己之能，中君尽人之力，上君尽人之智。"意思是尽己之能不如尽人之力，尽人之力又不如尽人之智，高明的领导者不仅善聚众力，更善集众智。也就是常言所说的：借人者强，借智者王。领导者要成为"上君"，就必须对下属进行合理地授权。

第一部分 杠杆管理法

所谓授权，就是指为帮助下属完成任务，领导者将所属权力的一部分和与其相应的责任授予下属。合理地授权可以使领导者摆脱能够由下属完成的日常任务，自己专心处理重大决策问题，这有助于培养下属的工作能力，有利于提高士气。

詹森维尔公司是一个美国式家族企业，规模不大，但自从实行权力下放以来，公司的经营形势十分好，销售额每年递增15%，比调资幅度高出整整一倍。CEO斯达尔的体会是：权力要下放才行。一把抓的控制方式是一种错误，最好的控制来自人们的自制。斯达尔下放权力的主要手段是由现场工作人员来制定预算。刚开始时，整个预算过程是在公司财务人员的指导下完成的。后来，现场工作人员学会了制定预算，财务人员就只是把把关了。在自行制定的预算指导下，工作人员自己设计生产线。需要添置新设备时，他们会在报告上附上一份自己完成的现金流量分析，以证实设备添置的可行性。为了让每一位员工更有权力，斯达尔撤销了人事部门，成立了"终身学习人才开发"部，支持每一位员工为自己的梦想而奋斗。

杰克·韦尔奇也有一句经典名言：管得少就是管得好。一个聪明的领导者不会事必躬亲，而是把权力放出去，并且正确利用部属的力量，发挥团队精神，互相协作，得到更好的管理效果。

管理方法

对管理者而言，把手中的权力分出去的好处显而易见，他们能把精力从繁忙琐碎的小事中腾出来，转而思考企业的前进方向问题，其价值要比解决具体的小事情高得多。管理者放松权力，一些事情让下属承担责任，不但能刺激下属的工作积极性，更重要的是锻炼他们的能力，让他们得到成长。

正确的授权应该包括4个方面的内容：

1. 着眼于下属的长处，信任下属的能力。
2. 不仅交付下属工作，还要授予下属权力。
3. 授权后尽量不要做细枝末节的干涉，发挥下属的自主性。
4. 对下属给予适当的指导，不放任自流，还应该加以必要的监督和指导。

第二，理清成员的职责。

清楚团队中每一个成员的能力和所长，所有的具体工作，都要合理地安排给团队中合适的员工，不要有"我擅长，我来做"的心态。给自己清晰定位，比如，每天花2小时进行团队工作复盘，然后有针对性地辅导员工，安排经验分享。再比如，陪同拜访重要客户，下属主导，自己支持，等等。同时，接受可控的错误。把一定范围内员工犯错的损失，当成团队培训的成本。

第三，区分职业素养和个人习惯。

很多新任管理者对下属的要求，其实都是希望别人按照

第一部分 杠杆管理法

自己无关紧要的特有习惯做事。比如,一定要穿着得体去见客户,这是值得学习的好方法。但是要不要喷香水,这就只是个人习惯,不需要强求。从员工成为经理,就必须学会区分,当你是一名优秀员工时的那些做法中,哪些确实是值得学习的职业素养,哪些只是你的个人习惯。

管理启示

古狄逊定理,促使你成为一个不被累坏的主管。从员工到经理,要学会的第一课,就是忍住不要去抢员工的活。这是瘾,要戒。你可以是团队的精神领袖,但不必是团队的拐杖,它会让你的员工没有成就感,更让你自己成为团队的瓶颈。要学会授权、理清团队成员的职责、区分职业素养和习惯。做到了这些,员工们就会死心塌地跟着你打拼,这样还会怕没有工作业绩吗?与自己万事亲力亲为相比,给下属机会也是给自己机会,何乐而不为呢?

笔记 6 打造教练型管理者

在你成为领导者之前,成功的概念只局限于你自己。是

管理方法

你在职权范围之内表现出来的业绩、贡献度和问题解决能力等。但是，在你成为领导者之后，你的成功就取决于如何帮助他人成功。领导者的成功指的不是你在做什么，而是你领导的团队能取得什么样的成果。

杰克·韦尔奇

你心目中的理想领导者是什么样子？你认为什么样的领导者能够带领团队适应当前复杂多变的市场呢？那就是教练型领导者，因为他们可以运用赋能真正激活员工的潜能。

教练式管理就是将体育教练对运动员的督导、培训方式系统性地运用到企业管理领域来。如同体育运动中的教练员一样，把员工当作队员，以自己特有的竞技理念，针对不同队员的性格、能力、特长，进行教导训练。提升每个队员在所负责位置的能力发挥，理解并执行教练型管理者的战略战术，以整个团队的绩效成就，来评价自身所体现的价值。

教练的过程不仅是实现一个目标的过程，同时也是一个挖掘员工、团队最大潜能的过程，它既着重于目标的实现，也着重于团队成员、团队在实现目标过程中的成长。管理者通过教练的方式更易与团队成员之间在深层次的信念、价值观和愿景方面相互联结形成一种协作伙伴关系。

教练式的管理者不是大事小事亲力亲为的保姆，而是给予下属最大的成长空间，发现并培养得力的下属。激活员工智慧，拥有真正的团队能量，建设适应知识经济环境下的现代高效企业，关键还是在于相信员工，相信员工有能力，有潜力，有意愿。如何"激发"出来？这就是"教练"的工作了，也正是管理者的天职。

换言之，教练型管理者，不仅能成就自己，也能成就每个下属，同时最终的目的是注重团队，或者公司整体的目标绩效。

教练型管理者的3个原则

相信	赋能	期望
OKO	Nurture N	Expect E

（1）原则一：教练相信对方是可以的，即完全有能力、有潜能、有资源解决他们所面临的问题。相信是教练所秉持的基本信念，是一切的前提和基础。

（2）原则二：赋能他人，即关注对方的成长与发展，鼓励使其具备更大的能力和意愿去完成他们想要完成的事情，这是教练的过程。

管理方法

（3）原则三：期待持有问题的人去解决问题并拿到成果，这也体现出教练是以成果为导向的。

那么，教练型管理者与传统管理者有何不同，教练型管理者是如何工作的呢？

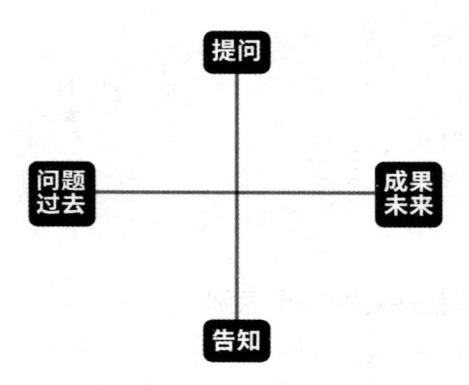

```
              提问
               │
               │
    问题 ──────┼────── 成果
    过去       │       未来
               │
               │
              告知
```

（1）思维方式上的不同：成果导向 VS 问题导向

从上图的横轴上看，传统管理模式就是问题导向——出了什么问题，造成问题的原因是什么，有什么途径可以解决，这样的模式只能把事情做对。

而成果导向的模式，是面向未来的模式，例如——基于组织未来的战略目标，梳理出团队今年的核心任务是什么，要达成的目标是什么，每个阶段出现了什么样的重要里程碑事件，这样就能确保一直聚焦在目标上，实现目标需要拥有哪些关键资源，未来可能面临的最大挑战是什么，以及有何策略应对，从而共同创新方法，导出时间计划表，签署责任状。

第一部分　杠杆管理法

在教练型管理模式下,被管理者成为工作主体,而不是被动的执行者。比如教练型管理者会这样与员工一起确定目标:

- 建立信任关系,共识对话方向——我们今天交流一下,如何高效完成今年的核心任务和目标,好吗?
- 梳理任务——基于公司今年整体目标,你认为今年你最重要的任务是什么?
- 确认目标——你希望达成什么样的目标和成果?(注明:领导者也可以提出目标)
- 理清验收标准——在年底看到什么样的成功景象能看出你非常出色达成目标了?
- 里程碑事件——每个阶段的里程碑事件是什么?

采取这样的方式与员工对话,长期来看,不但提高了团队成员的解决问题的能力,也提高了员工的预见性。

(2)工作方式上的不同:提问模式与告知模式

教练型领导者的工作方式是针对高潜能人才的有力发问,提问的本质是深信高潜能人才有答案,通过"问"来启发他们找到创造性的解决方案,这份深信给高潜能人才带来无穷的力量。

管理方法

传统领导的告知模式意味着什么，告知的潜台词是我比你强，这是权威模式。这种会形成心理上的对抗，只是表面同意你的观点，内在暗流涌动，与你对抗，导致最终执行力比较差，不能实现我们要达成的成果。

需要注意的是，在提问过程中，教练式领导者需要深度聆听，因为聆听时，我们发现高潜能人才打开了心扉，我们从中深度洞察了他们的真心想法，进一步建立了深层信任关系，那么聆听这么重要，如何积极深度聆听，听什么？

第一，聆听事实

聆听员工表达的内容是什么，留意观察他的肢体语言及面部表情。

第二，聆听感受

穿过高潜能人才表达的内容听到他的感受，同理他，精准地把他的感受用词汇表达出来，他马上可以深深感受到被理解，被认同，促进他打开心扉。

第三，聆听意图

聆听他语言背后真正希望实现的是什么，与他精准核对，我们发现高潜能人才的能量一下子被激发起来，因为他们感受得到被懂得和理解。

第四，通过三个维度的聆听，与高潜能人才沟通，让他充分感受到"被听到、被听见、被听懂"，从而促进领导者

第一部分 杠杆管理法

与高潜能人才实现高效被赋能的对话，使得领导者充分挖掘高潜能人才的智慧，释放他们的潜能，最终激活组织活力。

综合来看，教练型领导者的工作模式——有力发问，成果导向，面向未来，建立平等、尊重、伙伴关系，符合当下高潜能人才的管理模式：通过有力发问引导高潜能人才，充分挖掘他们的智慧，释放他们的潜能，支持鼓励他们找到创造性的解决方案，激发他们解决问题的自信，实现为他们赋能。

假如这个月小张没有完成工作任务，传统型管理者会说：你怎么搞的，怎么没有完成业绩。接下来小张出于防御本能，会提出各种各样的理由，什么业绩指标太高，资源不够等。

如果是教练型领导者会怎么做呢？一般是："我看到你这个月没有完成业绩，那你总结一下这个月你有哪些是做得好的，可以在下个月借鉴一下。"这样先给员工鼓劲，然后再和员工说，下个月马上做些什么样的关键调整能够最大化促进目标的达成呢？这一来二去，焦点放在员工优势上，给员工增加自信和力量。

如何运用教练式管理

《情境领导者》依据员工的能力和意愿把员工分为4种类型。

管理方法

（1）能力低、意愿低的"人裁"类员工

作为教练型管理者，这种员工还是可以抢救一下的，要充分相信人是可行的，是有无限可能的，可以努力挖掘他们的强项，给他们赋能，使他们向"人材"类员工靠拢。

（2）能力低、意愿高的"人材"类员工

一般来说，新进员工或刚转岗的员工符合这种特征。面对这种员工，教练型管理者首先要扮演好"工作向导"这个角色，明确告诉他们该做什么、如何做及做好的标准是什么。就像引导刚学会走路但有强烈意愿的宝宝一样，最重要的就是要有耐心，愿意给对方时间成长。

（3）能力高、意愿低的"人才"类员工

这类员工一般出现在老员工中。很多管理者把这类员工当作一大麻烦，当你这样看待他们的时候，你对他们的期望就不自觉地降低了，你不认为花时间、精力跟他们沟通是值得的，因此你就有可能以简单粗暴的方式对待他们，最后他们的懈怠只会愈演愈烈。其实这类员工，缺少的是驱动力，只要他们的真实需求被看见和满足，他们很快会调整自己的状态，进而发挥他们的能量。因此，教练最重要的是去了解他们的真实需求。

（4）能力高、意愿高的"人财"类员工

这类员工一般属于企业的明星员工，这类员工会成为企业最大的资产。但是，他们容易另起炉灶，因此，这类员工是让很多管理者又喜又忧的类型。

这类员工属于"自燃型"员工，所以，在平时的工作中更多的是需要给他们空间和更多的自主权，让他们更好地发挥积极性和创造性。但是，当他们"卡壳"需要帮助的时候，我们可以适当地提供帮助。

教练型管理最佳实践案例：谷歌氧气计划

谷歌的创始人拉里·佩奇和谢尔盖·布林曾一度怀疑像谷歌这样的公司是否需要管理阶层。这种质疑源自技术人员技术至上、管理无用的一种工程师文化：管理是一种弊大于利的活动，它会干扰人们真正的、可见的、目标导向的工作。

为了论证这一疑点，他们甚至在2002年在谷歌尝试一种完全扁平化的组织架构，即去除了所有工程师团队的经理，以此减少层级对思维创新的障碍。但是，这样的尝试只持续了短短数月，因为这两位创始人发现他们会被太多的直接汇报淹没。

于是，这两位创始人意识到管理阶层在一些重要的方面仍然具有不可替代的价值，为了向工程师们证明这一价值，他们必须提供基于数据分析的、确定无疑的证据。于是，2007年开始谷歌内部就成立了一支由数据分析专家组成的

管理方法

分析小组,该小组用严谨的数据分析来解决这一问题。这就是著名的氧气计划。

氧气计划小组不仅通过最严谨的数据分析证明了管理者的价值,而且还建立了有效管理行为的标准。这个标准由8项行为构成,其中第一项就是"成为一名好教练",这是谷歌的氧气计划小组历时多年基于大量的数据分析得出的结论。最明显的数据支撑是,2010—2012年,管理者的员工反馈评估得分从83%上升到86%,在教练行为和对下属的职业发展行为方面的进步最大。数据表明,自实行氧气计划以来,谷歌在管理有效性和业绩方面取得了显著进步。

管理启示

亲力亲为,终究是授人以鱼,只有教练型管理才是授人以渔。从杠杆管理的角度来理解教练型管理,就是管理者运用最少的精力来最大化释放高潜能人才的潜能,主要表现在:成果导向、面向未来强有力的提问、深度积极聆听、深度将员工个人目标与组织目标有机结合,充分挖掘高潜能人才的智慧,最终激活组织的活力。

归根结底,领导的成功取决于领导者与追随者之间的高品质人际关系,教练型管理的核心就是把体育教练的方法用到职场管理中。

第一部分　杠杆管理法

笔记 7　雇用客户：让顾客帮你管理员工

雇用客户的方式，在有的时候甚至能获得远优于内部管理的效果，推动商业的进步。

你去一家餐厅吃饭，点完单，一个服务员拿了一个沙漏往桌上一放，说：您点这单，25 分钟之内一定给您上齐，如果没上齐的话，那么超时部分的菜品就免单。

你可能会觉得，这家餐厅是为了让顾客感受到更真诚的态度和更优质的服务。是的，但不仅是这样。这件事儿的背后，其实有一个非常有趣的商业逻辑，叫作：雇用客户。

何为雇用客户？

雇用客户，就是把组织原来可能需要雇用员工来完成的部分工作，转移到客户/用户身上，以起到增加用户参与感和黏性，甚至可以降低管理成本等效果，从而获得更好结果的做法。

雇用客户，要先给顾客一个预设的奖励，给他工具，顾客就被雇用上岗，来帮企业提高效率或业绩。一家服务门店的持续增长主要靠"三好"——技术好、服务好、产品好。为此我们苦练技术，对练话术，还不断试验更新更有效的产品。但员工的服务难以保持稳定性，客户纠纷连绵不断，难

管理方法

以杜绝——要随时出现在员工旁边去盯沟通和操作？或装上无死角摄像头看到问题逐个指正？这样的管理成本都很高，而这些管理，可以让客户帮我们分担。

不少老板感叹：其实我知道开分店是很难赚钱的，因为自己的管理精力有限，但如果不扩张，又拿什么来承载这么多员工的发展前景呢？

收银机的发明，可以说是让客户管理员工的早期探索。19世纪时的商店老板们，就经常为不能一直站在收银员旁边，防范收银员浑水摸鱼而烦恼。因此美国人詹姆斯·利迪等发明了收银机解决了这个问题，收银机一直沿用到今天的买单过程——每做一笔生意，收一笔款，收银机上都有显示，售货员看着，顾客也看着，双方确认，然后现金盒子才打开，这样，每一笔款项就都有了记录。到了晚上，老板只需要把钱库里的钱和收银机上的记录核对一下就行。

让客户管理员工的管理机制就此开始。

为什么需要雇用客户？

"雇用客户"这个概念的基础逻辑是交易成本。从买方的角度来说，交易成本指的是你从市场上自由购买一项商品或服务时，为达成这个购买所需要付出的成本，这个成本不仅包括直接付出的货币成本，还包括搜寻成本、信息成本、议价成本、决策成本、监督成本等在内的时间和精力成本。

与交易成本相对的是管理成本，交易成本越低的事情，越应该外部化，管理成本越低的事情，越应该内部化。

从这个逻辑出发，管理成本大于交易成本的事情都应该交给市场去做。随着各种基础设施的完善，其带来的交易成本越来越低，企业的规模会越来越小，专注领域会越来越精，每个企业除了自己的核心竞争力以外，基本都可以交给市场来做，通过寻找和培养稳定的、专业的供应商大大减轻了企业的人员、设施等支出，提高效率和产出。

无论企业多么专注，无论企业处在什么阶段，都仍然会有管理成本的问题。因此，当内部管理成本高于外部管理成本时，企业同样可以把管理交给外部人员去做。

延伸：客户反馈

"雇用客户"员工机制在餐饮业最为普遍。

在西方最常见的是"服务小费"文化。你根据自己的满意度，给服务员小费。这就相当于把餐费中的一个组成部分，服务员的工资，交给客户来发了。餐厅用"交易"的方式，"雇用客户"给服务员发工资。不满意,就可以给服务员"扣工资"。而国内的大餐厅较常见的有——点菜10分钟后不上菜赠送果盘、25分钟没上的菜名单，等等，并且这些损失的费用由对

管理方法

应服务人员和厨师承担,还有一些老板会雇用一些人假扮客户到店测评。这会让客户免费化身管理人员,盯着员工的行动,这样服务人员就不得不加快工作效率、保证服务质量。

不光是餐饮业,这种理念可以推广到所有的服务行业,小至几十块的餐饮家政,大至几百上千万的咨询定制,只要是有客户感知的服务,都可以考虑让客户参与进来,并通过客户的反馈和互动来达到辅助管理的目的。

在"雇用客户"的反馈机制上,企业一般是通过投票、打分、评价等方式来实现。在中国没有给小费的习惯。但是,我们有打分的习惯。你收到了一份外卖,平台会要求你对这个外卖员做点评。因为这个点评,外卖员的速度非常快,态度特别好,不但会小心不让外卖受损,帮你送到家门口,还问你有没有垃圾需要帮你带下去。通过一个小小的点评,这个平台就"雇用客户"来提升了外卖员的服务水平。代价,可能只是下次叫外卖的红包。

管理启示

雇用客户,就是把对员工的管理,变成与客户的交易。这样做的好处一是让企业省下来部分管理成本;二是可以提高员工的自觉性;三是给其他消费者提供了参考,免费形成了一种口碑传播方式。

第二部分　打造强有力的组织

根据哈佛大学对两百多家企业的研究，一种强有力的群体文化在 10 年间将企业净收益提高了 765%；澳大利亚新南威尔士大学的研究团队发现，团队中负面角色的行为能够令团队绩效降低 30%～40%。

笔记 8　打造自驱力组织

知识工作者决定自己的工作内容及其结果非常必要，这是因为他们必须自主。工作者应该仔细思考他们的工作规划，并按照这个规划执行。我应该关注哪个地方？我负责的事情应该有怎样的结果？最后期限应该是什么时候？

彼得·德鲁克

无论企业规模大小，大多数领导者都认为：无止境的外在动机是激励人们的最佳方式。这就是典型的"胡萝卜加大

管理方法

棒"政策。然而,世界各地社会科学家的研究结果却与这些领导者的观点大相径庭。他们的研究结果表明,传统的激励方式,也就是"如果你做A,就能得到B"的方式,对于很多简单机械的推算型工作很有效,但对于现代经济赖以为生的需要创造力和概念思维能力的复杂右脑工作来说,这些激励因素大多没什么效果。

只要是系统,都要涉及升级,组织也应该把自己的驱动力系统升级到21世纪的新系统。新系统必需的核心不是胡萝卜加大棒,而是自主、专精和目的。

为什么外在的奖励系统不再适用了呢?

行为学家把我们在职场的工作分为两种类型:推算型和探索型。推算型工作是按照现成的指令或流程达到某种结果的工作,而探索型则相反,没有现成的算法,你必须试验各种可能性。如今,在发达国家,这些工作正在快速地向低成本地区转移或者逐渐被机器人、AI代替。麦肯锡咨询公司预测,单以美国为例,现在只有30%的工作增长来自推算型工作,其余70%均来自探索型工作。哈佛商学院的特里萨·阿马布勒就发现:外部奖励和惩罚(胡萝卜与大棒并用的政策)对推算型工作很适用,但是对探索型工作可能具有破坏性。

管理学家吉姆·柯林斯说,花精力激励人基本是在浪费时间,如果坐在你车上的人是合适的人,他们会自己激励自己。这时真正的问题就变成了"为了不让他们消极,你应该用什么方法管理团队"。

这句话说到点子上了。依靠外在的驱动力不可能持久,自驱力才是可持续的王道。那么,我们应该怎样在企业中释放出每一个人都可能获得的内在的自我驱动力呢?

扫除带来消极行为的管理行为

自我驱动力几乎存在于每个人体内,管理者首先要考虑的是怎样能消除那些会带来消极行为的管理行为。

(1) 放下你的胡萝卜和大棒

"这个月哪个人业绩做到20万就额外奖励1万,低于8万工资就下调一个评级。"时至今日,很多管理者依然舍不得放下这些粗鄙的胡萝卜加大棒政策。殊不知,胡萝卜加大棒政策实施的第一天就等同于否定了自我激励的存在。它假设员工的所有积极行为都是由外部利益驱动的。趋势专家丹尼尔·平克在畅销书《驱动力》一书的开头所引用的"蜡烛试验"甚至证明了对复杂和高难度工作,成效和物质激励的大小成反比。

(2) 强势的领导≠强势的团队

在我们的文化中,有"兵强强一个,将熊熊一窝"的说法,意味着将领一定要"强",但这个"强",是否是强势呢?

管理方法

现象级畅销书《一万小时天才理论》的作者丹尼尔·科伊尔在他的力作《极度成功》中讲述了这样一个负面角色实验。该实验是由澳大利亚新南威尔士大学研究组织行为学的威尔·菲尔普斯教授主导的,他找来一个叫尼克的 21 岁年轻人,扮演 3 种负面角色:讨厌鬼(咄咄逼人、目中无人的离经叛道者)、懒虫(不求上进者)、泼冷水者(消沉沮丧)。尼克先后在 40 个 4 人小组里扮演过这 3 种不同角色,因为他是一个出色的演员,他的行为使得他所在的每一个小组的整体绩效下降 30%~40%。

只有一个小组例外。

这个例外的小组是如何化解尼克的负面影响的呢?尼克说,这要归功于一个叫乔纳森的年轻人。尼克一开始表现出一副咄咄逼人的样子,而乔纳森身体前倾,时而开怀大笑,时而面带微笑,从未流露出轻蔑的态度,只以一种独特的方式来缓和气氛,把尼克可能造成的危险排除在会议室之外。紧接着,乔纳森话锋一转,提出一个把大家的兴趣都调动起来的简单问题,然后他认真倾听并回应。结果,整个团队的能量水平提升了,每个人都开诚布公地分享自己的想法,激发出了一系列洞见与合作,促使整个团队迅速而稳健地朝着目标前进。

从这个实验中,我们可以看到,乔纳森的成功并非采取了我们通常认为的强势领导者会采取的行动。他并没有颐指气使，也没有制定战略、激励他人、规划愿景。

因此，作为一个团队领导者，真正的强不一定是强势，而是能量要强，就是能快速嗅出团队中的负面情绪，并将之向正面情绪转化。

自发性的动力

当我们消除了带来消极心理的管理行为后，我们可以更加专注于培育企业内的自发行为，每一次管理行为向这三个方向迁移都能够让你开始发现潜力员工。

（1）给予员工自由的工作时间

说到这点，你可能觉得这个话题已经是老生常谈，但问题依然存在：管理者难以化解赋权员工和运营规定之间的矛盾。造成这种困境的一个原因可能是，领导者坚持认为自由与控制不可得兼，往往在两个极端间摇摆。

哈佛商学院教授兰杰·古拉蒂在研究了娱乐、航空和电商等多个行业十余家公司之后发现，设计及运用得当的规定并不会扼杀自由。好的规定可以让员工对组织目标有一个清晰的认知，促使员工积极追求，从而支持和促进自由。

发现这一事实的领导者，提出了一个折中方案："框架内的自由"（也叫弹性工作时间）。意即在框架内培植出了自

管理方法

由，将组织目标、优先级和规定嵌入一套动态的指导方针。制定框架后，这些领导者会投入大量资源，帮助员工理解框架，并在其范围内实现发展。比如谷歌的 20% 自由工作时间政策。

自由的工作环境毫无疑问能够带来自发性，这是一个基本的同理心。2017 年英国舆观调查公司曾披露，89% 的企业和雇员认为弹性工作制是提高工作效率的关键因素之一，而远程办公的选择率为 81%。不少人认为，办公室的工作环境压抑且紧张，除了要忍受一大早的通勤之苦外，令人透不过气的办公室氛围也是降低员工工作积极性的原因。而远程办公有助于员工安排好工作与生活，选择精神状态最好的时间段进行工作。同时，他们将需要思考、耗费脑力的一些工作放在令自己最舒适的安静环境中处理也有助于提高工作效率。

（2）保持绝对的信息透明和坦诚沟通

在激发员工自驱力的过程中，开放透明的沟通环境可以帮助克服办公室政治。跨越组织层级和部门的沟通因为透明而避免了猜忌和误解；晋升提拔的过程因为透明而保证公平；透明的沟通环境也会阻断企业内的拉帮结派。反之，当员工需要花更多的精力去对付组织边界，学会了察言观色，懂得了明哲保身后，就很容易造成职场的"劣币驱逐良币"现象。

第二部分　打造强有力的组织

（3）培养从自己的问题出发的思维和行动习惯

前面我们说了要避免使用"胡萝卜加大棒"（奖励与惩罚并用）的政策，当"惩罚"的压力消除后，你可以在团队的沟通中鼓励员工对各自的工作进行客观复盘，提前告诉他们只是为了更好地提升工作，而不是去找出谁的错误，也不是为了惩罚谁。

这样，以前那种本能的要把一些问题的责任推给别人的习惯会慢慢改变，当然，这个转变没有那么快。约翰·米勒在《QBQ！问题背后的问题》一书中指出，凡人在遇到问题的时候都会本能地从环境和他人那里找原因。销售不好，喜欢从客户和产品那里找原因，产品不好，喜欢从销售和客户那里找原因。这个思维习惯不仅发生在工作场合，在人的日常生活中也是一样，这就是推诿、责怨、嫉恨等人类所有负面情绪和行为的来源，人性貌似是很难改变的。

米勒认为改变他人是很艰难的，他的建议是，面对问题时，我们的出发点需要从"他人"改成"我"和"我们"，思考的焦点应当从"为什么"转到"怎么做"。面对一个问题，总有自己能够做的部分，改变他人的最好办法是实践"自己怎么做"。即使不能立即解决问题，这也帮助我们克服了那些病毒般的负面情绪，让我们专注在情势发展和想出办法上来。他说的"问题背后的问题"就是指我们怎样面对问题提

管理方法

出有价值的问题。通俗地说，就是提出"建设性"的问题。

管理启示

企业间的竞争是人才的竞争，而在信息透明、工具丰富的时代，人才竞争的实质，是工作深度的竞争。想达到工作深度，作为管理者就不要过于关注员工的工作时间，而要把如何营造能提高其专注度的工作环境和工作方式放在首位。

笔记9 打造一支高效运转的团队

你知道磁石的有趣之处在哪里吗？磁石不仅能吸引铁环本身，而且把吸引力传给那些铁环，使它们也像磁石一样，能吸引其他铁环。

磁力——这也是那些具备"带团队能力"的人身上通常会具有的特质，他们像磁石一样，把吸引力和影响力传递给员工，员工再把吸引力和影响力牢牢地传递给客户，从而建立起良好而稳定的客户关系。

这种既有影响力同时能力又强的人，他不但能把业务搞定，而且能带起来一片的下属；就算他不在业务一线，照样

第二部分　打造强有力的组织

能玩得转业务；而且下属能不断成长起来，公司当然放心大胆地晋升他。

但是也有很多管理者与我交流时透露，他们在带团队的时候容易陷入两种情况。一种是任务分配下去，无法贯彻执行，不知道怎么调动下属的积极性和行动力，这种管理者的特点通常是不愿意面对和制造人际冲突，不喜欢得罪人，团队看起来一团和气，但业务发展不起来。另一种情况是，管理者强势有魄力，知道怎么给下属施压，但团队的离职率也很高。

这些表现通常与职场人格有关。第一种管理者明显就是"整合者"类型的职场人格。

了解职场人格

《哈佛商业评论》邀请1000多名职场人士对其进行了测试，并将普林斯顿的分子生物学家李·西弗的大众人群统计模型应用于数据中，量化推导出4大类型职场人格。

开拓者： 注重可能性，他们能激发团队中的能量和想象力。他们愿意冒险，相信直觉，着眼大局。大胆创意和创意方法十分吸引他们。他们是行动力和影响力最强，最接近磁石的一类人。他们往往外向且喜欢临场发挥,脑子转得很快,说话热情洋溢，有时说话前并未考虑周全。

守护者： 注重稳定，他们带来秩序和严谨。他们务实，

管理方法

面对风险会犹豫。数据和事实是他们的底线,细节对他们也很重要。守护者相信:前事不忘后事之师。守护者过于注重细节的举动有时会让人产生陈腐古板之感。

推动者: 注重挑战,产生动力。对他们而言最重要的是结果和成功。推动者倾向于非黑即白地看事物,以逻辑和数据直击问题要害。他们颇有主见、擅长争论,为了达成结果他们可能会给人留下激进的印象。

整合者: 注重联系,让团队凝聚在一起。对他们而言最重要的是团队关系和责任。他们交际能力强,专注于达成一致,但厌恶任何性质的冲突。

如果你的团队整体比较激进,且离职率高,那就是团队中职场人格失衡,开拓者占比比较大导致的,可以引进其他职场人格的成员。如果你的"整合者"人格部下经常在推动项目上遇到困难,可以考虑给他配备一个具有推动者人格的副手。

平行管理法

掌握了"人"的类型后,还要理清"事"的关系,"人"和"事"两条线平行管理。想要团队高效运转,重点是要掌握"两条线"管理,一条线是"通过事管人",一条线是"通过人管事"。

先说通过事去管人。

第二部分　打造强有力的组织

作为团队领导，你首先要非常清楚整个团队的关键目标和关键任务。有句话说："有目标的一群人才叫团队，没目标的一群人那叫团伙"。你要结合公司的战略和整体激励机制，给你的团队设定出一个个阶段性的总体目标。

有了总体目标后，你就要把任务合理拆分到每个人身上。一个大原则是，你要派你的精兵强将，也就是能力强、态度积极的下属，去负责你的关键任务、关键区域、关键客户。未来升职加薪的机会，也要相应地向他们倾斜。这里不需要所谓的一碗水端平，如果下属能力有差别，工作内容却差不多，这才是不公平。虽然作为团队领导，你对每个下属的工作能力心里大概有数，但是我还是建议你分派任务之前做一个动作，就是和你的每一位下属进行谈话，谈话的内容包括：

一是告诉他们，团队的阶段性目标是什么；二是询问他们：在这个大目标下，他希望承担哪一类的、多大的任务，得到反馈后，再给出你的建议。这样的谈话既能让对方感到自己被重视，也把指派工作变成了一起商量，帮助你的下属建立起全局意识和责任感。

拆分任务、责任到人后，作为上级，你要做的是绩效跟踪、业务辅导、必要的时候提供资源支持。在这个过程里，你一定要让下属明白，要你提供帮助，没问题，但他自己才是主要责任人。

管理方法

项目拆分，步骤要尽可能细致和明确，通过一张项目拆分表，管理者可以非常清楚地看到目标和现状之间的差距。在这样的团队里想"打酱油"，基本是不可能的。

通过事去管人，可以帮助你在团队里建立起一种"结果导向"的绩效文化，但是如果只有任务没有人情味儿，这种团队也是走不远的。

这就需要"通过人来管事"，因为具体的任务，都是由一个个的人去完成的。下属情绪、状态的好坏，会直接影响到工作结果。所以，"通过人来管事"更像是一种"以人为本"的管理思路。

怎么个以人为本法呢？那就是从下属自身出发，抓两个主要问题：一是下属做的事情是不是让他有成就感，二是下属对这个组织有没有归属感。什么是成就感？成就感最核心的含义，是指个人优势的发挥，带来的价值实现。

一个对职场长达 25 年的研究表明，每个人做自己优势所在的事情，更容易获得成就感。所以作为上级，你要能发现下属的优势是什么，也要能帮助下属找到能够发挥其优势的空间。很多时候，不是说公司设计的岗位是什么，下属就只能做这个事，比如，财务部里，出纳只能管现金、费用，会计只负责记账。其实，部门里会有很多的公共事务，聪明的上级会把这些公共事务变成一个个小项目，让合适的员工

第二部分　打造强有力的组织

承担起某个角色，比如对外协调人、审计项目对接人。这也能帮助下属更好地进行自我探索，发现适合他的任务和项目机会。

说到归属感，"团队建设"也就是通常大家讲的团建必不可少。你不要觉得听起来老土，团队建设这件事，你做得好是 90 分，做得不好是 60 分，但不做的话一定是零分。你不要指望什么都不做，团队会自动形成有凝聚力的氛围。

不管你是什么领导风格，我建议你把"团队建设"放进你的必办事项里。比如，每周找一次机会当众赞美或者奖励某个下属，每个月创造一次让大家"玩在一起"的机会，每个季度，庆祝一次团队的里程碑事件。"玩在一起"很重要。我非常建议找一个大部分团队成员感兴趣的项目，每个月玩一次。

在玩的过程中，员工之间不但增进感情，还培养了团队协作能力和默契，从而在团队里逐渐形成一种"磁铁文化"。根据这么多年我自己的经验，想让团队高效运转的同时，还有自我迭代的能力，一个非常好的办法，就是建立起一种"人人都是组织发展者"的文化，把组织发展的责任，分配到每一个人头上。例如：让下属参加公司招聘会、宣讲会，鼓励他们为公司内部推荐人选；让下属开发培训课程、去带新人。让下属参与这些事，能够提升他们的忠诚度。他们会觉

管理方法

得,有机会参加这类事情,是公司没有把自己当外人;而且,让一些相对资深的下属作为帮手,他们会觉得自己被栽培,自然动力十足,你也不会孤掌难鸣。

空降管理者如何破局?

很多管理者是空降到一家公司,或者一个新部门,面临的是"新人"带老团队,这种情况在一开始树立威信也会很重要。如果你是这种情况,我会建议你精心准备一场"施政演讲",来打造你的影响力。

所谓"施政演讲",就是你在这个新公司、新团队,首次比较正式的自我介绍和分享。这次演讲需要你花时间准备,不需要刚到新岗位就急着做,你可以先花 2 周甚至更长的时间,和每一个利益相关人,包括你的上级、重要下属、兄弟部门、关键客户,进行充分接触,摸清情况,然后有的放矢地准备内容。

这个演讲要涉及三部分核心内容:第一部分,是关于你个人的职场经历和生活介绍。目的是通过了解建立信任,这个部分不需要太严肃,你可以分享自己职业生涯里有意思的故事,也可以多放一些生活中的照片,拉近你和下属的距离。第二部分,是你的管理风格。我建议你开诚布公地告诉下属们,你最希望的工作方式、最欣赏的下属品质,还有你绝对

第二部分　打造强有力的组织

不能容忍的价值观底线，也就是规矩，相当于把丑话说在前面。说这些，都是为了降低你和你下属的沟通成本，不要让他们去把时间、精力花在揣测你的心思上。第三部分，是你的工作方向。你准备怎么带领团队开展工作？尤其是告诉大家，你和前任有哪些相同和不同的做法。需要提醒你注意的是，定了规矩，就要执行。我们知道，每个团队也是有惯性的。如果你想比你的前任做得更好，你肯定要对原有工作方式进行调整。当然，我不建议你一上来就"新官上任三把火"，这样容易引起下属的反感。不过，我也特别提醒性格比较温和的管理者，如果有下属的行为触犯了你的规矩，你就有必要"杀鸡给猴看"，批评教育，或者在你的职权范围里进行处罚，尤其是一开始的时候，你需要让团队看到你的决心。

管理启示

团队潜力不足的原因往往在于：领导者不知如何处理人们工作方式的差异。因此，管人的前提是充分了解人，因"人"利导，在此基础上，建立管事和管人这两条管理线："通过事去管人"，在团队中建立起一种"结果导向"的绩效文化；"通过人来管事"，关注每个成员的成就感和归属感。最后，如果你空降到一个新团队，请精心准备你的施政演讲。

管理方法

笔记10　给组织装一个净水器

对一个群体或者组织影响不好的事物，我们应该在其开始破坏周围的事物之前就要将其及时处理掉，否则整个群体或组织都将被彻底破坏。

你的团队里有没有这样的员工，他们总是喜欢和别人唱"对台戏"，人家激情满满制定了一个大目标，他嘲笑人家自不量力；碰见困难，大家说迎难而上吧，他说"认命吧"……这种人就是成功路上的绊脚石，他们存在的目的似乎就是证明别人不行或把事情搞糟来刷存在感。

如果任由这些"刺儿头"横行，他们的行为也会像传染病一样迅速蔓延到整个企业。这就是酒与污水定律的一个表现。

酒与污水定律

"酒与污水定律"是西方管理学中一个有趣的定律，意思是你把一勺酒倒进一桶污水，得到的是一桶污水；反过来，你把一勺污水倒进一桶酒里，得到的还是一桶污水。也就是说，不管污水有多少，只要有它，再多的美酒都将变成污水。

中国一直有一句谚语，"一颗老鼠屎坏了一锅汤"，说明了同样的道理。为什么一勺污水能污染一整桶酒，一颗老鼠屎就能坏掉一大锅汤呢？

第二部分 打造强有力的组织

这是因为任何事物，破坏总比建设容易。作为管理者，你需要花 120 分精力，钻木取火，点燃大家的激情，但他用 1 分的精力，用一盆水就把火苗浇灭了。负能量扩散的能力，十倍、百倍于正能量。一个组织就像一名卓越的工匠耗费大量时间和精力制作的一件陶器，而这件陶器只需要一头驴一秒钟就可以毁掉。那么，就算是有再多的能工巧匠，不管他们制作出了多少优秀的作品，只要组织里有这样的一头驴，那都是经不起它"折腾"的。管理者唯一能做的，就是尽快把这头驴拉出去，而不是任由它肆无忌惮地乱跳乱窜，进行破坏。

所以，作为管理者，我们首先要懂得如何识别这些"污水"，然后在企业里装一个"净水器"，坚决地过滤掉这些污水。

扔掉烂苹果

中国有句俗话，"林子大了，什么鸟都有"。其实在企业中，经常会存在一些阻碍企业发展的员工，他们到处搬弄是非，编造谎言，破坏组织健康发展。他们就像水果篮子里的烂苹果似的，慢慢地腐蚀企业的内部结构，降低企业的工作效率。而企业是一个寻求发展、谋求利益的组织，这就要求企业管理者具备魄力和勇气，果断扔掉烂苹果。

管理方法

日本伊藤洋货行的董事长伊藤雅俊，就是一个有魄力和勇气扔掉烂苹果的管理者。

伊藤洋货行起初靠做服装衣料买卖起家的，后来公司逐渐壮大才进入食品业，所以食品部门比较弱。于是伊藤雅俊从专门做食品的东食公司挖来了其得力干将岸信一雄。岸信一雄来到公司后，宛如给伊藤洋货行注入了一针催化剂。他的表现相当好，调整了食品部门，十年间把公司的业绩提高了数十倍，为公司做出了卓越贡献。

但随着公司业绩的提高，岸信一雄骄傲自大起来，与伊藤也因为经营理念的不同变得对立起来。

伊藤是走传统保守的路线，一切以顾客为先，不太与批发商、零售商们交际、应酬，对下属的要求十分严格，要他们彻底发挥自己的能力，以严密的组织作为经营的基础。一雄则非常重视对外开拓，常花费许多交际费，对下属也放任自流，不遵守公司制定的规章制度，居功自傲，对公司的改革措施更是持敌对态度，任何决策到了他那里就会搁浅。

他不光是自己与公司对立，不为公司创造价值，还对勤奋敬业的员工们冷嘲热讽，甚至说他们再干十年也休想获得成功。在他的影响下，许多员工对待工作的积极性都被打消了，整个部门的工作效率直线下降。

随着时间流逝，双方裂痕愈来愈深。伊藤要求岸信改善工作方法，按照伊藤洋货行的经营方式去做。但是岸信根本不加以理会，双方的意见分歧愈来愈严重，终于到了不可调和的地步，伊藤看出岸信不想再与他合作，最终只好把他辞退。这一决定在伊藤洋货行甚至全日本商界都引起了大轰动。虽然局内人都知道岸信一雄飞扬跋扈，但依然认为辞退他是不公平的，给人一种"狡兔死，走狗烹"的感觉。面对各界舆论对此事的质询，伊藤雅俊说：秩序和纪律是我们企业的生命，我们不能因他一个人而降低整个企业的战斗力，让公司走上灭亡的道路！

从公司后来的发展来看，伊藤雅俊的做法绝对正确，严明的纪律不容漠视。组织其实是非常脆弱的，是靠各个层面的合力而维持和稳定下来的一种平衡系统。要建立一个优秀的组织，需要很长时间；而一个破坏者要破坏一个组织，却只需要很短的时间。所以管理者应该学习伊藤雅俊的做法，拿出魄力和勇气来，丢掉公司内部的烂苹果。

运用示例

原微软亚太研发集团主席、百度公司总裁张亚勤在一次演讲时说过，有三种"污水"是不能被用小勺倒进公司这个大桶的，如果真倒进来了，那要尽快用"净水器"过滤。他们是：负能量的人，双面的人和玩世不恭的人。

管理方法

第一，负能量的人。这些人通常喜欢让自己成为人群的中心，不管是以何种方式。如果自己工作能力达不到成为中心的目的，就会通过抱怨、消极、冷淡、多疑等方式强调自己的存在感。他们像"祥林嫂"一样，不停地说这个不好，那个不好。抱怨是团队中最易传播、最具杀伤力的负能量。消极，他们总是说"公司大概没前途了吧！""这样下去怕是工资也发不出了吧！"消极，是最容易动摇军心的负能量。冷淡，他们故意不配合他人的工作，疏远同事，制造部门障碍，这将导致部门协作困难，业绩大受影响。多疑，"谁谁谁其实是谁谁的亲戚""他今天开会时这么说，一定是想故意整我"，多疑的人总觉得他人别有用心。

第二种，双面的人。这样的员工，对上级阿谀奉承，对下级声色俱厉。这在心理学上也可以解释，这是因为他们内心深知自己"能力配不上职位，努力配不上梦想"，所以有种深深的危机感。为了维持这种得之不易的状态，他们故意制造公司内的"信息不对称"，并从中谋利。对这样的人，也要坚决清除，因为他们会严重造成其他依靠能力谋求发展的员工的不满，甚至失望，从而离开公司。

第三种，玩世不恭的人。稻盛和夫在《活法》里说过，人有可燃型、自燃型和不可燃型三种。玩世不恭的人，就是第三种，不可燃型。怎么激发，都没有动力和激情；怎么激励,都不会努力。这样的员工,也应该被尽量从团队里清出去,或者限制使用。他们和公司没有一致的目标,所以行为有极大的不确定性,很容易在一些关键事件上掉链子、出问题。

管理启示

在企业管理中,美酒意味着优秀的人才或团队,无论是一勺美酒倒入污水也就是一个优秀的人才进入一个糟糕的团队,还是一勺污水倒入美酒也就是一个破坏力极强的人进入一个优秀的团队,优秀的人都无法做到不受影响独善其身。

所以,给企业安装一个净水器,过滤负能量的人、双面的人和玩世不恭的人。一个企业一旦有15%的员工是"污水型",这个企业就已经非常危险了。如果没有办法全部清除,"污水"的比例一定要控制在10%以内,并隔离或限制使用,并适时地消除5%最有负能量的员工。

笔记11 管理者一定要知道的破窗效应

一个有智慧的领导者,首先去领导一个环境,然后去领导人,好的环境里若是彼此充满了鼓励与学习、体谅与互动、

管理方法

团结与努力,那么人们就会在正向能量的环境作用下,受到感染、受到启迪,发挥出超值的贡献。"好窗"要精心打造,"好窗"贵在坚固。

你有没有看到过这样的现象?公园的草地,如果有一个人上去踩踏没有人出来制止,那么就会有很多人跟着效仿,踩的踩、坐的坐、躺的躺,不出几天,绿油油的草地就会变得面目全非。这个时候,再有人出来制止已经没有人会理会了。一个秩序的建立非常困难,可是一旦被破坏,将如山崩地裂般,顷刻间灰飞烟灭。为什么?这是因为一种叫作"畸形公平"的心理,引发了破窗效应。

破窗效应的由来

破窗效应,是1982年,由美国政治学家威尔逊和犯罪学家凯林提出的。这个理论的灵感源自美国斯坦福大学心理学家津巴多曾做过的一项试验:他找来两辆一模一样的汽车,一辆停在比较杂乱的街区,一辆停在中产阶级社区。他把停在杂乱街区的那一辆车的车牌摘掉,顶棚打开,结果一天之内车就被人偷走了。而摆在中产阶级社区的那一辆车过了一个星期也安然无恙。后来,津巴多用锤子把这辆车的玻璃敲了个大洞,结果,仅仅过了几个小时,停在中产阶级社

第二部分 打造强有力的组织

区的车就不见了。

这一理论认为：如果有人打坏了一个建筑物的窗户玻璃，却没有人及时维修，别人就会像受了暗示一样，被诱发去打烂更多的窗户玻璃。久而久之，这些破窗户就给人造成一种无序的感觉。那么在这种公众麻木不仁的氛围中，犯罪就会滋生、蔓延。

"破窗效应"原本指的是一个小问题，如果得不到及时修正，问题就会变得越来越大，继而引发一系列严重的后果。西方流传这样一首民谣：丢失一个钉子，坏了一只蹄铁；坏了一只蹄铁，折了一匹战马；折了一匹战马，伤了一位骑士；伤了一位骑士，输了一场战斗；输了一场战斗，亡了一个帝国。可见，一个微小的事件或变化，经过不断演变放大，对其未来会造成巨大影响，或成为决定因素。

这个效应在日常生活中随处可见。例如，在咖啡厅门口，只要有一个人吸烟并把烟头扔在地上，半天过去，你会发现地上多了很多烟头。在人行道上，如果有个别车辆、自行车停放得不规范，东倒西歪的，很快你就会看到一大片东倒西歪的自行车停放在那个地方，景象很"壮观"。混乱，会引发混乱。"凭什么他可以，我就不行啊？""大家都这样，总不会有事吧？"在占便宜、做坏事上，寻求公平，这种心理，就是"畸形公平"的心理。所以，在第一扇破窗出现时，我

管理方法

们就必须立即修复。否则，当整个街区都出现混乱时，就积重难返了。

"破窗效应"的理论同样可以应用到企业管理之中，它给我们的启示是：必须及时修好"第一块被打碎的窗户玻璃"，同时尽量防止打碎窗户玻璃的行为出现。

对管理的规章制度就是这样，你只要小小地开个口，最后就成了洪流。在一个企业内，虽然有些制度看起来微不足道，即使没有遵守似乎也无伤大雅，但是它却会对整个企业的人文环境产生不良影响。例如有家企业要求每个员工上班时都不能玩游戏，如果有员工违反了，将会受到罚款的惩罚。如果有员工违背了这一规定而没有受到惩罚，那么势必会给其他员工一种心理暗示。渐渐地，越来越多的员工开始上班时玩游戏，企业的这项规定就形同虚设了。接下来，违反其他规章制度的现象也会逐渐增加。

为何会出现破窗效应？

破窗效应的出现，主要基于人们的四种心理状态。

第一种心理状态是颓丧心理，如果东西坏的时间长了，又没有人来修理，特别是公共场所的东西，人们对社会的信任度就会降低。

第二种心理状态是弃旧心理，既然东西已经破损了，那只有将其放任自流。

第三种心理状态是从众心理,既然大家都在破坏这个已经破损的物体,那么我也可以参与进去。而且法不责众,即使出了事也不用承担责任。

第四种心理状态是投机心理。许多人在看到有便宜可占时,往往会毫不犹豫地占便宜。

如何应对破窗效应?

第一,立即处理。一家公司规定:员工上班必须打卡,否则罚款20元。一开始,一两个员工没打卡,但管理层有很多"更重要的"事情要处理,或者这几个员工业绩斐然,管理层没有严格执行规定。很快,公司有超过一半员工都不再打卡。而剩下的那些,觉得自己很傻。一旦发现破窗,要立即修补。破窗蔓延的速度,会快于你反应的速度。历史显赫的英国老牌银行巴林银行,仅仅因为一名职员以赌博的方式对待期货,并且知错不改,竟造成巴林银行短期内倒闭。

第二,绝不包容。公司规定,迟到超过半小时罚款100元。某天,张健因送家人去医院急诊而迟到,你如何处理?你罚了,怕员工说你不近人情。你不罚,明天就会有人因为身体欠佳迟到,后天就会有人因为见义勇为迟到,大后天就会有人因为找不到小孩迟到,然后,制度从此形同虚设。有

管理方法

制度不执行，比没有制度更可怕。那怎么办呢？先罚款，再慰问。罚款，是对好窗的维护，破窗的修补；慰问，是人情上对员工和员工家人的关怀。那100元也许你可以买水果，或者包成红包。

第三，小题大做。对于影响深远的"小过错"，要"小题大做"地去处理，防止"千里之堤，溃于蚁穴"。阿里有名的"月饼事件"就是如此。2016年中秋节，阿里几个员工写程序抢月饼，被当天解雇。这件事在网上引起了轩然大波，正反双方辩论了好多天。但这正是阿里的策略：小题大做。你不认同阿里的价值观，可以不来。来了就要知道，阿里的价值观这扇窗户，不能破。

第四，要鼓励、奖励"补窗"行为。不以"破窗"为理由而同流合污，反以"补窗"为善举而亡羊补牢。

"破窗效应"理论在应用上最经典的案例是在美国纽约的城市治理中。1990年前的美国城市纽约是个非常糟糕的城市，整个城市环境脏乱差，治安状况非常糟糕，犯罪率长年居高不下，尤其是纽约地铁，这里曾被人称为"全世界最危险的地方"。

1994年新上任的警察局长布拉顿，一改前任局长们的做法。他的前任们通常将所有的精力和力量投入大案要案中，而布拉顿则将相当一部分精力投入到改善最糟糕的纽约地铁

第二部分　打造强有力的组织

的环境中去。他首先从地铁的车厢开始做起，把车厢弄得干净明亮，接下来站台、阶梯也变得干净了，随后街道也变得干净了，然后社区也变得干净了，最后整个纽约变了样，整个城市变得非常整洁干净。

针对纽约地铁犯罪率飙升的问题，布拉顿采取的措施是号召所有交警以破窗效应为师，认真推进"生活质量"的改进。在全力治理逃票现象时他发现，每七名逃票者中，就有一名是通缉犯；每二十名逃票者中，就有一名携带凶器。这样，从抓逃票开始，地铁站的治安大幅好转，犯罪率骤然下降。

在布拉顿一系列针对看似微小却有重要意义的"破窗"行为强力整治之后的几年里，纽约无论从市容市貌、治安状况，还是犯罪率问题，都得到了极大改善，成为全美国乃至全世界治理得最好的城市之一。

管理启示

破窗效应，这是一种由"畸形公平"心理引发的，对错误行为的从众效应。第一扇窗户被打破，如果没有及时修复，就会蔓延，导致更多的窗户被打破，甚至引发更大的混乱。一面干净的墙壁没有人舍得去涂鸦，而一面被人弄脏的墙壁大家都会毫无顾忌地乱画。一个很干净的地方，人们不好意思丢垃圾，但是一旦地上有垃圾出现之后，人们就会毫不犹

管理方法

豫地丢垃圾，丝毫不觉得羞愧。

　　破窗效应警示我们：找准已经发生或正在发生问题的关键点，并及时补救，加强制度的监督与执行，善于从细微的地方发现大问题。一旦发现，第一，立即处理；第二，绝不包容；第三，小题大做；第四，奖励"补窗"行为。

笔记12　快速培训下属的方法

　　比培训下属然后人才流失更糟糕的是什么？不对他们进行培训，却还要留住他们。

　　被世人称为"现代管理学之父"的彼得·德鲁克曾经对管理学定义如下：管理就是通过别人使组织工作完成得更为有效的过程。

　　但说得容易做到难，如何高效、快速地培养下属能力一直是困扰当代企业的难题。

　　有句话叫教会员工，上级轻松。培训下属就像是师傅带徒弟，你比下属有经验你要去指引他们。当上管理者之后，有必要学习一些培训技巧，我在这几年带团队培训新人的过程中，总结了一套有效的培训方法，概括起来四句口诀：

第二部分　打造强有力的组织

第一，我说你听。也就是口头指导，这一步的关键是交代到位。你可以遵循三个步骤来把事情交代清楚：是什么？为什么？怎么做？

是什么是指我接下来要你做的事情是什么；为什么是指这件事对公司或对你个人有什么意义，重要性有多高；怎么做是指我建议你怎么做，指出相应的步骤，最后这一步是帮助下属拆解任务，建立流程，强调重点。

上面这些过程，可能你听起来会觉得很简单，但实际工作当中不一定每一次都能把每一个点交代清楚。举个例子，比如你是个组长，要让新来的服务生去给某包厢的客人去收自带，可能你会认为不就收个自带吗，然后你就会对这个新服务生说："小张，你去A01收一下客人的自带。"你就扔下这样简单的一句话，可能就离开了。但是张三却没有办法去执行这个命令，他不清楚客人自带有什么后果，进去了客人要是不给要怎么办？可是张三又担心跟你问太多，你嫌他这么简单的问题都搞不清楚，于是他就只好硬着头皮，犹豫再三他就进去了，结果因为拿捏不好说话的分寸，最后把客人给得罪了，差点还被打。

那这样的一个案例从我们上面的三个步骤来讲，你可以这么指导他："小张，我希望你今天去A01收客人的自带，提醒一下客人自带食品，我们包厢费是会按照原价收取的。"

管理方法

这是"是什么"的步骤，也就是把基本信息交代清楚。然后你要告诉下属为什么给他布置这个工作，引起他的重视。比如你可以说："小张，向顾客收自带，这样的事对公司的经营是非常重要的。不然的话,公司的营业额会无法达到预期，利润也会下降。一个称职的服务生一定要能提供优质的服务，也要能为公司创造价值。你一直工作表现都不错，自带这一块你也要学一学。"这就是"为什么"的步骤，就是既点出了公司的利益点，又点出了下属的利益点。接下来，你还不能让张三直接就进去了，你要把具体的做法拆解一下，比如，首先你需要了解一下对方包厢里面有多少人，带的是什么东西。然后你需要去找到包厢里面的主客，就是我们说的决策者，最后才是你进去收自带。至于进去以后怎么跟顾客说，你也应该把进房间后的注意事项告诉一下下属，只有这样，下属才会知道这件事情该怎么做、对怎么把这件事情办好有一个清晰的认识。

第二，你说我听（让下属重复，确保他理解了要点）。完成了我说你听是不够的,你需要再加上你说我听。一方面，有些你认为是常识的经验和技巧对新人来说，他们不是马上就能领会的。另一方面，下属如果有不懂的地方，可能害怕你说他，他不敢主动去问。当然，在这一步，你不需要那么生硬地说"你给我重复一遍"，你可以把步骤和道理切换到

第二部分 打造强有力的组织

具体的场景里,让下属发表他的看法,提出他自己的疑问,比如刚才的例子里,你可以这么对小张说:"那么如果你进去收自带,你会怎么做?"这时张三会开始分析包厢里面可能出现的情况,然后你就可以给出你的建议了。不要嫌我说你听、你说我听这两个步骤太麻烦,日本便利店711的创始人铃木敏文甚至提出他和下属布置工作的时候要说三遍,他说一遍,下属复述一遍,刚转身要走,他又把人家叫回来,再听下属说一遍。往往我们有些管理者老是爱摆出老大的架子,总喜欢说这种小事不要让我说第二遍,其实很不幸,大多数的下属和你我都一样,都是普通人,都是不会读心术的。

第三,我做你看,也就是亲身示范,大部分稍微复杂一些的任务在下属刚接触的时候,你需要给他亲身示范,示范的重点是保证下属看得清楚,学得到。所以你应该遵守严格的流程和步骤,让下属学到良好的工作习惯,这一步讲究的是可复制性的工作方法,而不是你自己觉得怎么方便怎么来。其实,亲身示范一方面是给下属看的,另一方面也能让你跟一线工作保持接触。很多时候,只有你亲自去做,才会看到问题在哪里,才知道怎么去优化流程,也更容易在下属中建立信任。所以,再拿刚刚那个例子来说,你其实可以当着小张的面亲自去包厢示范整个收自带的过程,这样对下属来说,他掌握起来会更快。

管理方法

第四，你做我看。那么上级做完了，下属看到了，是不是就结束了呢？当然不是，就像我们不自己握住方向盘上路，永远学不会开车一样，下属是很难通过看完全学会一件事的，所以你还需要你做我看的步骤，就是跟着下属去工作，在他身边进行督查，过后进行反馈，这个过程中，你得提醒自己不要陷入两种状态：一种是控制欲太强，在观察下属做事情的时候总忍不住打断对方，认为他们不好，你需要做的是记录问题然后再反馈。有的时候你得找机会让下属狠狠失败一次，摔一个大跟头，他可能就记住了。另一种是心太软，比如工作流程有五个步骤，下属跳过了一步，结果好像也没出什么问题，所以就过去了，那正确的做法是一定要指正出来，让他重新做到全部步骤。在这里我分享华为老总任正非的观点：先僵化、后优化，再固化，特别是新员工，对于新员工，先不要想如何创造，而是先把流程、操作步骤老老实实地走一遍，观察之后，你再开始针对他的完成事项进行一次反馈。

反馈主要由三个部分组成：第一，表现好的地方。第二，可以提升的地方。第三，下一步改变的计划。反馈的时候要让下属先说，你再点评，这样做有两个好处：一个是给自己留足了分析和思考观察的时间，你不仅要看到下属怎么做，也得了解他们怎么想；另一个好处是人对于别人点评和

第二部分 打造强有力的组织

建议其实有一种本能的抵触情绪。你先说，下属很容易就开始有抵触情绪了，很多话就未必听得进去了。

最后，你还需要注意的是，有的时候，下属事情做得不好，可能跟个人的特质有关系，那么你培训下属的时候一定要注意，找到下属行为的具体障碍点，比如我之前去学习厨师，在师傅让我拿码东的时候，我蒙了，因为我从来不知道一个不锈钢碗还被称为码东，最后你要知道培训也是你和下属建立心理契约的一个场景，简单地说，你要让下属明白，我培养你，你要帮我做事情，在你帮我把事情办好的同时，你自己能力也提升了，受益的一定也包括了你自己。

管理启示

对雇员和同事进行培训，根本目的是帮助组织成员改变和优化其工作方式。换言之，我们训练他们，是为了重塑其行为和认知，让他们接纳一种他们以往所不熟悉的工作方式和思考方式，改变原来不专业的工作方式和不佳的工作状态，从而激发下属的工作主动性和热情。

最后，你要意识到培训也是你和下属建立心理契约的一个场景。简单说，你要让下属明白：我培养你，你帮我做事，在你帮我把事办好的同时，你自己能力也提升了，受益的一定也包括你自己。

管理方法

笔记13　如何管理团队的士气

一个好老板是一团火，只要他在，就能够把身边的人燃烧起来。

在过去的管理中，一些管理者把"情绪稳定、听从安排"作为好员工的标志。而现在越来越多的管理者发现，那些在工作中业绩突出，有重大建树的人，常常表现出不同程度的"情绪化"因素。那些能征善战的千里马在被驯服之前，没有一匹是没有个性和脾气的。正因为他们身上存在明显的"情绪化"因素，所以它们在奔跑时才能产生如此高涨的激情，才成为了脱颖而出的千里马。

如果你想让自己的团队成长为卓越的团队，就必须从正面角度看待员工的脾气和个性，并加入"士气管理"这味调味剂，在适当的时候引爆大家的情绪，提高个体的活力和积极性，让你的团队士气高涨、激情喷发出来。

什么是士气管理？

士气也称为团队精神，是指一个团队的工作气势和氛围，它用来描述个体或群体在维护共同信仰和目标时，表现出来的努力、斗志和效率。团队精神一词适用于军队或团队

第二部分　打造强有力的组织

运动的成员，也适用于商业或任何其他组织方面，特别是在压力和争议下所展现出来的气势。

团队或员工士气是员工看待其组织或企业的整体观感。在此情境下，我们可将士气描述为个人或团体对组织或企业拥有的信心。

士气在军事学中有双重意义，其一是军士的作战士气，其二是部队的整体团结和凝聚力。一支部队如果拥有良好的设备、健全的补给线、空中掩护和明确目标，同时指挥官以身作则的话，整体而言，就会凝聚良好或高昂的士气。

在商业上，管理层的管理风格、决策、工作方式等都可以影响雇员的士气。尽管"士气"是一个摸不到、抓不住的东西，但却客观存在。因为人人都能感觉得到高士气团队创造的价值。

提高员工士气的5种方法

员工士气是人力资源管理中的一个重要指标，良好的士气帮助企业创造成果并快速发展。如何鼓舞员工士气、提高员工积极性、从什么方面着手才能更有效，一直是企业团队管理中的话题，以下提供了5种提高员工积极性的方法。

1. 尊重你的员工

日本企业里有打招呼文化，每天早上上班见到同事，都

管理方法

要大喊一声"早上好"。你还要喊出他的名字,这样一整天都精神。他们打招呼还有一个规矩,官大的要先跟官小的打招呼。只要老板学会了打招呼,公司的业绩才能增长。

尊重员工,往往就体现在这样一些看起来微不足道的细节里。你可以通过花时间礼貌和尊重地对待你的团队成员来提高士气。记住,你雇用这些人是因为他们的动力、决心、激情和技能。相信他们想去那里,并且他们可能会尽最大能力使用他们的技能。旨在保持沟通渠道畅通,消除员工、管理层和高管之间的任何障碍。

迪士尼前CEO罗伯特·艾格说:工作45年后,我发现一个真理——我认为学会尊重、体面地对待他人,对一个人的成功及公司的成功都有很大帮助。那些重视员工、尊重员工而且体面的公司,都是典型的成功公司。我最开始就是从底层做起的,一周150美元的入门级岗位,这些年来一点点向前走,现在在公司45年了,也得到了机会经营这么棒的公司,我始终提醒自己记得"我是谁""从哪里开始的",我努力不忘记一个事实就是,尽管我的头衔变了,但作为一个人,我还是我,我觉得保持同理心,并且理解那些在我曾经工作岗位上的人,是非常重要的。

2. 个性化的管理方式

管理者应该观察每个团队成员的工作方式,他们在什么

第二部分 打造强有力的组织

样的状态下才能更有效率地工作。包容多样化,有些员工善于独立工作,就不应该强迫他们一定要团队协作。同样,每个员工都有自己的强项和兴趣点,应该鼓励他们去发挥自己的优势,分配能让他们充满激情的工作。所以灵活的管理可创造 1+1＞2 的价值,激发每个人的工作热情,提高员工积极性。

比如每个团队都会有那么几个内向者,这样的人未必不优秀,但因为他们的性格会错失一些表现机会。面对这种情况,谷歌前 CEO 埃里克·施密特是这么做的:作为一名管理者你要做的,就是确保团队产出最好的想法。那你要怎么做呢?首先就是要让每个人都畅所欲言,意外吧。一般开会的典型情况是,有一半的人一直在说话,一半的人从来不说话。我的做法是,让那些爱发言的人继续发言,然后叫一个从不说话的人分享想法。而我们总能从这个人那里,获得一个更有趣的提议,可能是因为别人讲话的时候,他／她一直在进行思考吧。

3. 增强员工自主性,提供成长的机会

如果员工一直被命令去做事情,员工就好像只是企业赚钱的工具,那他们的积极性会大受打击。因此,要授予他们一定的决策自由度,鼓励员工提出自己的想法,并支持他们按自己的新方法去开展工作,同时鼓励他们增强自己的综合

管理方法

技能。对于未来业务的发展，也应该多听取员工的建议，了解他们如果从管理者的角度出发会制订什么样的计划。即使是工作职责以外的事情，如果有利于他们的成长，你也应该帮助他们去获得这样的机会，甚至可以创造新的机会让员工去尝试。这对整个团队而言都有所助益，因为每位团队成员都能各自发挥所长、分享观点，让这些特质应用得更有价值。

"船桥屋"是日本很有历史的老店了，"船桥屋"第八代掌门人渡边雅司经常被邀请去做演讲，他们在"JR东日本伴手礼大赏"中获得了综合大奖，还登上了东京电视台的《坎布里亚宫殿》节目，那期节目被命名为《1805年创店的日式点心老铺——传统与革新的幸福经营》。也是从那时起，老铺的知名度在全国飙升。

那么，这样一个出售的葛饼只有2天保持期且只在东京下町营业的小小点心铺，为何会被《坎布里亚宫殿》节目组选中呢？

原因就是这是一家可以激发员工自主性的活跃公司。在这家公司里，基本没有哪件事是由他个人独自决定的。凡是与船桥屋有关的公司决策，都要在全体管理人员进行商议之后才能确定，然后付诸实践。

这样的自主性，是融汇在组织的运营过程中的。最容易理解的例子，就是领导层选举。船桥屋的领导层人员不是由他个人任命的,而是由全体员工和兼职人员投票决定的。比如,有一位33岁的女员工当时被选举为领导层人员,时至今日,她仍然作为执行董事,与渡边一起为船桥屋的发展而共同努力。日式点心老铺没有人们传统印象当中的各种制度,而是有一种自由豁达的氛围。员工的这种自主性,在登上《坎布里亚宫殿》之前,就有很多媒体报道过。而且有很多员工说,他们很荣幸能够在这样一家企业工作。

4. 建立必要的奖励激励机制

孙子曰:施无法之赏,悬无政之令。特殊环境下,激励对鼓舞士气有着关键作用。当员工的贡献促进了公司发展的时候,给予一定的奖励会更能提高他们的积极性。不一定要是加薪升职,奖励半天休假、发放礼品券、免费外部培训课程等,各种形式的激励方式可依据具体情况而定。

激励包含了赏和罚两个方面,有正面的激励,也有负面的激励,赏罚分明是关键。

激励不一定只能是物质或金钱的形式,精神上的激励也是很重要的。团队若很努力工作,一定要给予员工他们应得的称赞。找出具有卓越表现的团队成员,并针对他们贡献的特定工作予以肯定。概括式的称赞对鼓舞员工士气发挥不了多大作用,然而强调具体贡献则能显示您重视他们的工作,以及他们对公司带来的影响。

管理方法

比如以下场景都值得对员工进行肯定：

"感谢你抽出时间为新员工进行培训。我知道你的工作安排很满，所以很谢谢你牺牲个人时间来帮助团队成长。"

"你加班制作的 PPT 对展示整个项目非常有价值，谢谢你分享你的专业技能。"

"感谢你耐心帮助同事小张处理那位棘手的客户。你所展现的耐心和沟通技巧是绝佳示范，值得我们团队成员效仿。"

5. 建立与团队间的互相信赖

如果管理层被员工质疑管理能力，那从上至下的决策执行会遇到很多阻碍，员工也会对企业未来的发展失去信心，降低士气。若与团队建立互信，您就能将责任分担出去，使每个人获得充分授权，进而以有成效且高度自主的方式完成工作。

员工都希望管理者具有强大的专业技能，可以在他的指导下获得有效提升，可以高效解决问题。有这样的核心领导是一个团队的信心所在，在他的带领下员工会更愿意付出努力，更容易激发员工不断探索的激情。

管理启示

古语有云：一鼓作气，再而衰，三而竭。士气的变化，总有它的内在因素。一个好老板必定是员工情绪的洞察者，

第二部分　打造强有力的组织

以下是导致士气低落的因素，如果你的团队中有士气下降的情况出现，可以对照参考一下：

1. 承诺未实现：由于老板未兑现对员工的承诺，导致员工对老板产生"背信弃义"的看法，从而变得消极懈怠。

2. 工作遇到瓶颈：个人在工作上遇到瓶颈时会对自己的能力产生怀疑，慢慢变得不自信，进而会失去工作的方向；团队一旦遇到瓶颈，成员首先会对领导者产生怀疑，进一步发展下去其会对整个项目的前景产生怀疑；如果长时间不能突破困境，很可能会导致团队士气崩溃，人心思变。

3. 外部环境的对比：很多人的欲望诉求并非因为自身所需，而是源于与外部同学、朋友的攀比。一旦收入低于他人，员工就会对工作产生不满的情绪，从而"价值重心"的转移最终导致工作上的懈怠。

4. 对公司缺乏认同：公司在发展过程中做出一些重大的经营决策，导致部分人员对该经营理念产生很大的分歧，那么员工在工作上就会懈怠，假如内心无法妥协最终会离职；新进的员工如果不能认同企业文化，会导致其无法融入团队，最终也会离职。

5. 遇到生活挫折：个人生活中假如遇到重大的困境或打击，就会无心工作或无法集中工作精力，比如失恋、离婚、重大经济损失、亲人故去等。

管理方法

笔记14 如何培养新员工

新员工经历"蘑菇"期，即让员工经受艰苦的磨砺和考验，体验不同岗位乃至人生奋斗的艰辛，他们会更加懂得珍惜，企业也便于从中发现人才、培养人才、重视人才。

卡莉·费奥里娜从斯坦福大学法学院毕业后，做的第一份工作是一家地产公司的电话接线员，每天的工作竟然是枯燥而简单的打字、复印、收发文件、整理文件等杂活。虽然父母和亲戚朋友对她的工作感到不满，他们认为一个斯坦福大学的毕业生不应该做这些，但她却没有任何怨言，继续边努力工作边学习。一天，公司的经纪人问她能否帮忙写点文稿，她点了点头。正是这次撰写文稿的机会，改写了她的一生，后来她发展成为惠普公司的CEO。

每个职场新人，其实都会经历卡莉·费奥里娜这样的过程，像蘑菇孢子一样被置于阴暗的角落，不受重视或打杂跑腿，就像蘑菇培育一样还要被浇上大粪，接受各种无端的批评、指责、代人受过，得不到必要的指导和提携，处于自生自灭过程中。蘑菇生长必须经历这样一个过程，人的成长也肯定会经历这样一个过程。

这就是蘑菇定律，或叫萌发定律。蘑菇定律的说法，是 20 世纪 70 年代由国外的一批年轻计算机程序员总结出来的。它的原意是：长在阴暗角落的蘑菇因为得不到阳光又没有肥料，常面临着自生自灭的状况，它们只有长到足够高、足够壮的时候，才被人们关注，可事实上，此时它们已经能够独自接受阳光雨露了。

管理学中的"蘑菇定律"

"蘑菇定律"是非常适用于组织对待职场新人的一种管理方法。职场新人被分配到不受重视的部门，或被安排做打杂跑腿的工作，像他们自己所说的"吃的是杂粮、干的是杂活、做的是杂人"。

马云曾说过：刚进入公司三年的员工，不要谈战略，先把战术做好再考虑战略的问题，谁跟我谈战略，我开除谁。为什么会这样？因为新入职场的人如同白纸一张，有理论难免会纸上谈兵。过早对年轻人委以重任，等于揠苗助长。

众所周知，在西方的那些世界级大公司里，管理人员都要从基层小事做起，就连老板自己的儿子要接班也得从基层做起。这主要是出于以下几点考虑：从基层干起，才能了解企业的生产经营的整体运作，日后工作中方能更得心应手；从基层干起有利于积累经验、诚信和人气，这是成功相当重要的不可缺少的要素。所以说"蘑菇"期的经历对年轻人来

管理方法

说是成长必经的一步。

如何用"蘑菇定律"培养新员工？

聘用新人往往意味着风险，"蘑菇时期"有利于企业以最低的成本去甄别出真正符合组织要求的人才。企业在这个时期也要有所不为，有所为。

第一，跟踪动态：应该跟踪新加入者，了解新加入者的状态，让其能够更快地融入组织，以达到吸纳新加入者的目的。

对于年轻的新员工，应该给他们足够的关怀、温暖和鼓励，但要尽量从最简单、务实的事情做起，比如贴发票、复印、装订商业计划书、写会议纪要，等等，然后，对他们严格要求，提出改进建议，促进成长。

第二，给足够的养分：培训、轮岗等工作丰富化的手段是帮助人力资源转化为人力资本的工具。

把新员工们扔在一个角落，是不够的，你必须给他们足够的养分，他们才能真正地成长。很多外资企业在使用一种叫"管理培训生"的计划，来培养一些有潜力的"蘑菇"。这种方法有两个要点：

选择合适的"小蘑菇"和有计划地轮岗培训。什么叫"合适"的小蘑菇？每个公司标准不同，通常来说是，首先符合公司的价值观，正直、有激情等，然后做事主动积极、

第二部分　打造强有力的组织

有事业心，再从能力上说，有快速学习的能力、分析问题的能力、表达能力，等等。

选出小蘑菇，然后密集地安排1～2年的轮岗培训。最好的培训，是在职培训。在不同的部门里做最基层的工作，非常有助于他们综合能力的提升，也有助于公司选拔好蘑菇。2年后，有些"蘑菇"夭折了，但能活下来的，都是好蘑菇，可以摘下来，放在合适的岗位上。现在，越来越多的国内企业，也开始把"管理培训生"作为培养蘑菇的方法。

第三，以老带新：培养老员工，让他们能够培养新员工，这样，管理者的工作也能变轻松。

有的上司认为，与其教给老员工培养新员工的方法，还不如自己亲自来教，这样又快又能出成果。短期来看，这样是可以快速产出成果的，但随着新员工的增加，上司自己的工作表现都可能变差。

管理启示

管理者应该有效地利用蘑菇管理定律，尊重人才的成长规律，对新招聘的员工进行有效的激励和管理。不管他是什么专业、什么背景，从事什么工作，都要让其从最基层做起，或将他们放在市场上，让他们自由竞争和成长，然后在其中发现"灵芝"，为企业所用。

管理方法

同时,为了避免人才流失,企业也要对新人提供必要的心理和技能培训,留意他们的工作表现,鼓励他们挑战自认为能够胜任的工作,尽量缩短人力资本转化为组织人力资源的时间。

笔记15　态度好的员工跟能力强的员工你选哪一个

我们不是为了失败才来到这个世界的,因此要寻找"灰飞烟灭都要干"的态度好的人。

能力与态度,到底哪个更重要?虽然偶尔鱼和熊掌也能兼得,毕竟德才兼备之人还是有的,只是对于大部分公司来说,这个概率较小,企业更多是面临两者取其一的局面。

美国哈佛大学的罗伯特博士曾做过一次令人瞩目的实验。他从一窝老鼠中随机挑选出三只老鼠,然后他把这三只老鼠分派给几个学生训练。他拿起第一只老鼠时说:"这是一只聪明的老鼠,你们要在六周的时间内好好训练它,以使其能在最短的时间里冲出迷宫。"随即他又拿出第二只老鼠说:"这是一只很普通的老鼠,经过六周的训练能否走出迷宫是个未知数,所以你们要做好心理准备,不要对它抱有太大希望。"最后,他拿出第三只老鼠说:"这是一只反应迟钝的老鼠,要在六周的时间内训练它走出迷宫比登天还难。"

罗伯特博士的引导对学生们的心理产生了作用。经过六周的训练,不出意外:第一只老鼠迅速、准确地冲出了迷宫;第二只老鼠也通过了迷宫,但时间花得多一些;第三只老鼠一直在里面绕圈没有走出来。

同样的训练者,同窝随机挑选的老鼠,试验结果为何如此迥异?罗伯特博士说:关键就在于我对学生们的引导,使他们对这三只老鼠产生了截然不同的实验态度。

由此可见,态度有着比能力更强的神奇力量。实际上,一个人的工作态度折射着其人生态度,而人生态度决定一个人一生的成就。

态度决定一切

那么问题来了,招人时,如果正好要从以下两个人中选一个:一个能力强,一个态度好。你选谁?

我们先看一个公式:态度 × 能力 = 绩效。也就是说,这两者缺一不可。如果只能选一个,你选态度,还是能力?

管理方法

美国西南航空的前首席执行官赫布·凯莱赫会选择：态度。他说：我们能够通过培训来提升技能方面的水平，但是我们不能改变态度。

微软公司前总裁比尔·盖茨也说：无论在什么地方工作，员工与员工之间在竞争智慧和能力的同时，也在竞争态度。一个人的态度直接决定了他的行为，决定了他对待工作是尽心尽力还是敷衍了事，是安于现状还是积极进取。

也就是说，一个人的态度，包括是否积极主动、富有责任心、愿意协作，这是养成的性格，简单来说，就是"想干"；能力，包括是否有做这件事的知识储备、是否有多年的经验、是否有相关的资源等，这是习得的技能，简单来说，就是"能干"。

"想干"是很重要的先决条件，如果不具备这个条件，"能力"再高也干不成。因为改变态度的难度，远远大于改变能力。

西方的企业界因此流传着一句话：We hire for attitude, and train for skill. 意思是：我们雇态度好的人，然后培养他们的能力。也有人因此说：态度决定一切。

招聘的优先级

态度与能力，在一个人身上不可能是完全割裂或对等存在的，那么，企业在招聘中具体应该如何运用呢？

第二部分　打造强有力的组织

第一，破格录用的类型：态度好，能力强的员工。

建议给出超越他期待的破格条件，狠狠地留住这样的人才。不要用"占便宜"的心态，低配录用，这样他早晚会走。你要更看重这种人才的持续潜力，他有机会创造更大的价值。

第二，培养使用的类型：态度好，能力弱的员工。

这部分员工，是价值被低估的潜力股。你应该先感谢上天让你们相遇，然后不管有没有位置，先请他们上车，给他们充分的培训、实战的练习，施展的机会。他们有机会成长为公司真正的骨干。

第三，限制使用的类型：态度差，能力强的员工。

这部分员工，可能会成为你的噩梦。很多人说，我只是一个小公司，人才可遇不可求，真的很难。我能不能把"噩梦"先招进来，然后用制度管住他呢？如果为了短期项目的利益一定要招，建议严格地限制使用。比如，不要放在核心的管理岗位上，有非常明确的考核指标，更多的监督机制，等等。他有炸弹的威力，但开关却不在你手中。所以，你要准备好一个风险管控机制，以备不时之需。

第四，坚决不用的类型：态度差，能力弱的员工。

招人不要用短期心态，比如有时候，各个部门实在缺人，你会有一种招临时工的心态，然后心想，先忙过这段，可以再调整。但真招进来后，你就会发现，"再调整"需要牵扯

管理方法

到各种利益和精力，更令人心烦。你一拖再拖，公司因此乌烟瘴气，劣币开始驱逐良币，优秀人才逐渐愤然离开。招这样的人，就是饮鸩止渴。

管理启示

来自哈佛大学的一个研究发现，一个人的成功，85%取决于他积极主动的态度，而只有15%取决于他的智力和所知道的事实与数字。但这世界上没有完美的选择，美女的头，鱼的身体，或者鱼的头，美女的身体，如果必须只能有一个，你会选哪一个？为了长远的发展，虽然很难，但西方主流企业界建议你：Hire for attitude, and train for skill. 也就是，雇用态度好的人，然后培养他们的能力。如果为了短期的业绩，必须雇用态度很差，但能力强的员工呢？一定要懂得"限制使用"。

同时，在全球五百强企业中，他们将客户意识、协作沟通、主动高效、严格认真、学习创新、责任担当这六大指标视为极为重要的价值观，而每一个力求持续发展的企业，都应将其作为重要态度指标，加以参考、设计考核。

第二部分　打造强有力的组织

笔记16　怎样驾驭你的下属

美国前任劳工部长、布兰迪斯大学讲席教授罗伯特·赖克说，真正的领导之道并不是宏大的或者英雄式的。真正的领导之道就发生在管理者在人性与常识的指引下迈出的每一小步中。

管理的本质就是驾驭人性。人性是复杂的，驾驭下属的方式也不应是单一的，除了权威和规则，还应有一些弹性和人性的光辉。

在我看来，驭下之道主要有三点内容：

第一，无声管理

何为"无声管理"？即下属一看你的行动，便明白你对他们的要求，反映出下属一种观望上司的普遍心理。领导者唯有起到表率作用，才能激发下属跟进。这个理论出自美国疾病控制与预防中心（CDC）的杜嘉教授。主要说领导者身先士卒的重要性，其唯有起到表率作用，才能激发下属跟进。

日本经济团体联合会前会长土光敏夫曾说：身为一名主管，要比员工付出加倍的努力和心血，以身示范，激励士气。这位地位崇高、受人尊敬的企业家在初任东芝电器社长时，

管理方法

面对庞大组织所造成的管理不善和官僚作风，以及员工士气松散、公司绩效低落的现状，提出：一般员工要比以前多用三倍的脑，董事则要十倍，我本人则有过之而无不及的口号，以此重塑东芝精神。

从此之后，他将自己的口头禅"以身作则最具说服力"作为行动的指南，每天提早半小时上班，并空出上午7点半到8点半的1小时，欢迎员工与他一起商讨，共同解决公司内部存在的问题。

同时，土光敏夫为了杜绝高层铺张浪费的现象，借由一次参观的机会，为东芝的高层们上了一课。那天，东芝的一位董事想参观一艘名为"出光丸"的巨型油轮。由于土光敏夫已经看过九次了，所以事先说好由他带路。恰好，那天是假日，他们约好在"樱木町"车站的门口会合。土光敏夫准时到达，乘坐公司专车的董事也随后赶到。他一抵达就说："社长，抱歉，让您久等了。我们就搭您的车前往参观吧！"董事原以为土光敏夫也是搭公司专车来的。结果，土光敏夫面无表情地说："我没有坐公司专车，一起搭电车去吧！"

美国大器晚成的女企业家玛丽·凯在榜样激励问题上有着自己独到的见解。她认为，领导的速度就是众人的速度，称职的管理者应以身作则。她说：人们往往模仿经理的工作习惯和修养，而不管其工作习惯和修养是好还是坏。假如一个经理常常迟到，吃完午饭后迟迟不回办公室，打起私人电话来没完没了，不时因喝咖啡而中断工作，一天到晚眼睛直盯着墙上的挂钟，那么，他的部下大概也会如法炮制。

所以所谓的以身作则，应该把"照我说的做"改为"照我做的做"。带兵的关键在于自己，管理的关键也在于管自己，只要你自己做好了，大家有样学样做得也不会差，你提升了，大家自然也跟着提升了。

第二，因人制宜

古人说："事之至难，莫如知人。"如果老板在决定雇用一个人之前，能详细地了解一个人的性格和专长，就可以避免用错人的悲剧。

《庄子·秋水》有云："骐骥骅骝，一日而驰千里，捕鼠不如狸狌，言殊技也。"意思是说，千里马虽然能日行千里，但捕鼠能力却不如豺狼。用人也是如此，不同的人，适宜不同的职务，同样的职务，不同的人工作作风也不一样。对待不同的下属，我们要区别对待，充分发挥他们的优势。

对有能力、有经验、主动性强的人，我们可以采取以目标管理为主的方式，尽量让他们自己多做决策，自己控制自己的行为过程。

对能力较弱、经验较少、主动性不强的人，我们可以采

管理方法

取以过程管理为主的方式，用规程、制度、纪律等控制他们的行为过程；或用传帮带的方式，使他们逐渐积累经验，提高能力。

对个性、能力突出，缺点、弱点明显的人，我们一是用长，长处显示出来了，弱点便被克制。二是做好思想和情感沟通工作。

特殊人才，特殊待遇。对有特殊才能的人，我们一定要尽可能给他们最好的条件和待遇。你的下属之中，不乏才能出众的人。有的技术水平高，有的善于管理，有的擅于外交，各有所能。适时适度地选拔人才，提升一些有能力的人，不仅有利于本部门、本单位的发展，还可以利用这些被提升的下属，借以了解其他下属的思想状况，并据此有的放矢地做好下属的工作。

诸葛亮可算典型的御人高手。他以一名"村夫"的身份，参加无权、无势、无钱、无地盘而且缺兵少将的刘备政治集团，一下子从因为占得天时而势不可挡的曹操手里虎口夺食，夺取了荆州、益州、汉中，在三分天下的角逐中占得一席之地，就与他"因人制宜御能人"的智慧不无关系。

诸葛亮的用人方略是十分考究的，对关羽是既恭维又打击；对张飞不恭维只激励；对赵云则经常表扬；对易起二心的魏延则保持威严。

第二部分　打造强有力的组织

第三，高标管事，低调管人

低调管人就是淡化威权，尊重个体，很好地消除自己与下属之间的等级差异，为员工营造一个自由而轻松的工作环境，激发员工自发自主的工作热情，使组织的力量远远大于各成员力量相加的总和。

也就是说，低调管人的领导者善识变化，能够因人制宜、因时制宜、因地制宜，既权衡轻重，又随机应变地运用管理方法。比如对于很多公司都头疼的员工绩效考核问题，AMD中国公司总经理潘晓明从不硬性规定每个人或每个项目组什么时候应该完成多少工作量，而是每个星期在公司的墙上将每个人或项目组的工作进度贴出来。这样既给予了员工信任和尊重，员工也会在自尊心的激发下努力追赶、暗暗竞争。

如果说低调管人是一种弹性管理，那么高标管事的核心在于对规则和公司核心价值观的坚守。联想有一条规则，开二十几个人以上的会议迟到要罚站一分钟。谁知道，第一个被罚的人竟然是柳传志原来的老领导。罚站的时候他本人紧张得不得了，一身是汗，柳传志也一身是汗。柳传志悄悄跟他的老领导说，你先在这儿站一分钟，今天晚上我到你家里给你站一分钟。柳传志本人也被罚过三次，其中有一次是电梯坏了，他被困在电梯里出不来。就因为柳传志对这件事的认真态度，联想的其他领导人都以他为榜样，自觉地遵守着

管理方法

各种有益于公司发展的规章制度，这才使联想的事业蒸蒸日上。

管理启示

用人当如器，各取所长才是用人之本。与其过度严格要求别人，不如先严格要求自己，想要什么级别的员工，自己就先要成为那个级别的人。

笔记17　人多并非力量大：两个披萨原则

群体成员的合作不是人力的简单相加，而是要复杂和微妙得多。在人与人的合作中，假定每个人的能力都为1，那么10个人的合作结果就有时比10大得多，有时甚至比1还要小。因为人不是静止的动物，而更像方向各异的能量，相推动时自然事半功倍，相互抵触时则一事无成。

许多企业奉行"人多力量大"的原则，大小事都以开会的方式集思广益。但是，亚马逊原CEO贝索斯不以为然。他认为，让一些富有创意的人组成一个大的团队来完成某个项目，往往会带来很多问题，而不是解决问题的办法。

因为由于团队太大，成员之间无法深入沟通，结果导致扯皮推诿，最终让项目陷入停顿状态或彻底失败。随着人数增加，分配资源、沟通和交际的成本就像滚雪球一样，会降低个人和团队的生产力，用两个比萨原则的小组，较能控制时间成本和减少无谓的联结。

心理学家 Jennifer Mueller 发现，团体规模扩大，人际间的联结就会变得复杂，大团体中的人们是失落的，他们不知道要向谁求助，因为他们不够了解其他成员，他们更不会告诉主管，因为说出来就好像承认自己失败。

因而，相较这种"集思广益"的大团队，贝索斯认为，企业的管理应该是分散的小团队，即使企业因此陷入无组织状态也无妨。

关于"多大的团队才合适"这个问题，贝索斯提出了"两个比萨原则"。

贝索斯的"两个比萨原则"

如果两个比萨都喂不饱一个团队，那就说明这个组织太大了。——这就是著名的"两个比萨原则"。

贝索斯指出不论会议，还是工作团队组成，都不该超过两个比萨能喂饱的人数。这不是为了要削减餐饮开支，而是

管理方法

贝索斯为了提高效率的敏捷式管理。不少企业都强调团队应该加强沟通、鼓励沟通，但在贝索斯的眼里沟通是一个"糟糕的主意"，在解决问题上越多的沟通是没有帮助的，数量多往往导致人云亦云，扼杀了个人的独特思维。这样不但不能解决问题，还可能会拖慢进度，白白浪费时间。

他之所以这样认为，是因为在他看来一个较小的团队，花在管理和让员工随时进入状态的时间会更少，而花在需要做的事情上的时间就更多了。

较小的团队运作，能够带来3点优势：

1. 深入了解：每个团队人员都能深入参与目标计划。

2. 达成协议更快速：过多的意见容易偏离焦点，越多人，代表有越多的东西需要协调管理，浪费更多时间成本。

3. 信息透明化、确保目标一致：传递信息直接快速，误会降低的同时，也兼顾团结性，能够往同一目标前进。

人多并非力量大

不可否认，大规模的团队能够解决更多的问题，但这样集中大量人力资源在一块是十分困难而且花费成本的，比如开会，最后往往是由少数几个人来做决定，大部分的员工都只是担当了"旁观者"的角色。随着团队人数的上升，每个人的特色、表现都很容易被别人掩盖，平均的参与度也会下降，很可能会在团队中产生"社会惰化"，一群人一起工作谁也不想做最花力气的那一个，最后导致整体效率低下。这样便是70%的人在管理，30%的人在做事，把团队架构尽可能地缩小转变成扁平式的组织架构，便可以做到30%的人在管理，70%的人在做事。

"两个比萨"的团队能有多大？一般来说仅仅只有七八个人，那这样的团队是怎么样完成任务的呢？减少了管理和决策的时间，因此大部分的时间都花在了最有价值的地方上，员工的才能占了一部分，不可否认这种管理方法为团队加快了效率，外界有人称Amazon是"制造机器的机器"，员工的大部分时间都花在了工作上。

然而，管理者必须注意的是，这样的团队管理方法也不是十全十美的，"两个比萨原则"管理模式也容易制造一个"高压锅"，长时间处于高压的工作环境下，员工流失率就会偏高。该种组织中，有不少工作都是由一位团队成员独立完成的，因此，当其中一人请假、离职时，其他成员很有可能得重新摸索整个工作流程。

"两个比萨原则"管理实例

1. 亚马逊（Amazon）

在Amazon,在"两个比萨原则"的企业管理文化主导下，

管理方法

贝索斯无条件地将权力下放给团队,企业甚至陷入无组织状态,这样才能刺激员工的独立思想,更快和更能创造出更有特色的科技产物。

说起权力下放原则,我们可以去看一下贝索斯在2015年写给股东的公开信:

有些决策事关重大,而且不能推翻或几乎无法推翻,就像单向进出的门一样。这类决策过程就必须讲究方法,小心谨慎,不宜躁进,更需仔细推敲、多方咨询。因为决策一旦做成,就没有退路,而且无法补救。这类决策姑且称其为"第一类决策"。

但是,大多数的决策不是这类,而是可以改变、可以反悔的,就像双向进出的门一样。这种"第二类决策"如果出了差错,还不至于无可挽回,只要再度把门打开,走回原来的出发点就行了。

第二类决策不但可以,而且应该要快速进行,由一个富有决断力的个人或小团体来决定即可。当组织规模日渐成长,就会有种倾向,几乎所有的决策都会用上笨重冗长的第一类决策方式来进行,其中有很多其实用第二类方式就行。这样做的最终结果是决策缓慢,不考虑风险规避,未能进行充分的实验,从而削弱了创新,我们得想办法克服这种倾向。

第二部分　打造强有力的组织

在亚马逊，领导者所需要做的只是慧眼识珠，找出让项目成功的关键人物来带领一个小团队。只要小团队里每个人知道他们的任务，确定了相同目标，就可以自主行动完成任务。他们甚至可以通过供应商来取得预算，或者最后由供应商代替继续运作项目，这样自己就可以投入其他更有趣的项目中去。

此外，亚马逊里的每个团队（尤其是产品和工程方面），都有自己的端口能够与其他团队进行交互，以获得特定的输入和输出内容。这意味着团队可以快速决策和行动，更有利于达成共识，促进企业创新。

Amazon 的员工甚至可以不用经过开会、不用经历一系列项目和流程，就添加新的产品线，在物流和电子商务平台上添加。贝索斯认为 70% 的确定性是作出决策的适当切入点。这意味着，一旦我们获得了所需的 70% 信息，就采取行动，而不是等待更长时间。Amazon 的 AWS 就是这样的管理架构下的产物，AWS 是目前世界上最大的云端运算服务，在公布截至 2023 年 3 月 31 日的季度财务报告，AWS 盈利约占全公司的 10%，现在是 Amazon 三大顶级部门之一。

两个比萨原则的组织方式，助攻亚马逊连年开发新产品、拓展新业务，维持电商帝国的称号。

管理方法

2. 正版流媒体音乐服务平台——Spotify

全球最大音乐串流平台 Spotify 公司能快速解决问题，实时反应市场新挑战，也在于使用"两个比萨原则"。

在 Spotify 公司里，有超过 30 个类似项目小组的分队。每个分队都像一家小型独立运作的新创公司，因任务而聚在一起，像是建立 Android 用户清单、优化音乐列表清单、负责专辑版面区块等。

分队的好处在于敏捷，当 app 后端工程有问题时，负责该领域的分队就能够实时反应，而且因为独立自主运作，就能免去需先向上通报，或必须和不同单位来回沟通的麻烦。

3. 荷兰国际集团（ING）

荷兰国际集团（ING）是荷兰最大的金融服务公司，就为了跟上快速变动的客户需求，从 2014 年开始，其全面进行一连串的改革，成功敏捷转型。ING 的转型计划中，除了最高层级的领导团队外，所有经理人和员工都"被解雇"，他们必须重新申请职位。

最后历经人员大换血，仅 75% 的人被重新聘用，并调整为 300 个小队，小队组成 13 个部落，部落集合即公司的敏捷式组织，不同于传统的阶层式组织，小队的形成是为了解决一个特定问题。

历经敏捷转型后，该公司两年内营收成长 3%、净利成

第二部分 打造强有力的组织

长近11%。

管理启示

可以说，没有"两个比萨原则"就没有亚马逊这么好的公司。这一项是极为重要的创新策略，也是公司未来扩张的战略。因为过大的团队往往会限制个体的发挥，一旦团队个体效率下降，创新的脚步就会慢慢停滞。小团队有助于减少集体会议和社会惰化之类的创意杀手。

即使是规模很大的企业，从现在开始也仍然来得及做出改变。为你的企业时不时准备两个比萨吧，用比萨喂饱自己的团队，说不定生产力会更有保证。

第三部分　有效沟通

有效的沟通是达成领导力的前提。管理者要真正放得下，走出去，融进来，才能实现有效沟通。

笔记 18　管理者必须学会的谈话

在正确的时间，将正确的信息传达给正确的人。在企业发展初期建立正确的沟通机制是非常重要的。

领英原 CEO 杰夫·维纳

作为一个管理者，最常见的管理场景就是与人沟通，超过 80% 的管理难题，是通过各种形式的沟通解决的。

有的管理者会遇到这样的困惑，明明自己的出发点是好的，但是在与下属沟通过程中，却引起了对方的抗拒和不适。这多半是沟通的方式出了问题。大多数管理者在面对高风险、情绪化的问题，处理和下属观点不一致的情况时，往往

管理方法

习惯性地采取一种简单粗暴的做法——以权压人，运用命令式的"驱使策略"。

但是，聪明的管理者则愿意在适当的时刻调整身份，在任何场合都能坐下来，心平气和地与员工沟通，并且根据不同的场景，在灵活的交流中了解下属的想法，圆满地解决问题。

下属提升职加薪时

很多管理者，特别怕下属提升职加薪的要求，其主要有三种心态：第一，权限不够，自己做不了主，也需要向公司申请批准，所以没这个动力；第二，不想承担责任。如果给员工升职加薪了，对方的业绩和工作能力并没有得到相应的提升，管理者怕接受上级的问责。第三，有的管理者不懂得如何拒绝对方当下不合适的要求。

聪明的上级应该转换一下思路，升职加薪是不可躲避的事情，尤其是对于有上进心的下属来说。下属要想得到更多，你应该鼓励他；但是相应的，他也必须付出更多，这才是解决矛盾的办法。

所以，正确的应对方式应该是，首先你需要判断，下属是否有意愿、有能力去应对更高难度的挑战呢？一般来说，这可能需要拉上你的上级和HR一起进行评估。如果你评估他还差一些火候，那也应该实话实说。坦诚地指出他目前能力和更高级别的要求之间的差距。如果你认为他有这样的潜力，而且在不远的未来，公司就有这样的升职加薪窗口，那么，你需要和下属提出更高的要求，让他能够在竞争中有拿得出手的业绩。

说实话，能够被工资激励的下属，管理起来反而容易，至少他的需求点，你抓得住。相反，如果这个下属"油盐不进"，对薪资、前途没追求，这才是更麻烦的，你想激励他都无从下手。

如何挽留重要的下属

很多管理者，经常被一种情况弄得猝不及防，那就是重要的下属提离职时，不知如何开口挽留。

第一步，你得抽丝剥茧般穷尽他离职的原因。但同时，你也千万不要匆忙给出你的解决方案，因为下属说的理由都未必是他的真实理由。比如，下属说工资太低，你马上说好，我给你涨；下属说工作太累了，你说好，给你放个假；下属说要想去竞争对手那，你就说竞争对手如何不好，等等。这种对话方式，让你显得没有任何底牌可言，即便留住了人，也付出了很大代价。那怎么穷尽他的原因呢？你可以追问："除了这个原因，还有其他原因吗？"先让下属畅所欲言，把他所有遇到的烦心事都说出来。其实所有的问题最后都可

管理方法

以归结到三类：钱太少、没发展、感情受伤。

第二步，找出主要原因。一般来说，很少有人会等到钱、发展、感情这三个方面都出问题了才提离职。这一步的关键是你需要通过一些细节上的蛛丝马迹来判断下属离职的真实原因。比如，观察下属在说到哪个原因时，说得最多、情绪最激动、细节最丰富。这往往能够帮你确定主要原因。这个时候，提问的技巧也尤为重要：比如，和薪酬相关的部分，尤其得问清楚。别人给他涨薪的幅度是多少？是税前还是税后？这些信息，都是将来你和公司 HR 去争取时有利的条件。还有，如果你们平时关系足够好，你甚至可以直接问："最主要的原因是什么？"或者直接问："是感觉公司前景不行吗？""哪个领导让你不舒服啦？"等等。最后，你还需要一个确认的动作，反过来问他："如果这个原因解决了，是不是就不打算离开了？"不要小看这个反问，因为根据经验，超过半数员工的离职，都是一时冲动或者没想清楚。每次谈离职，其实都是一个帮助员工梳理自己的人生和职业规划，并找到解决方案的过程。

第三步，提出你的解决方案。无外乎三种结果：第一种，下属因为不清楚一些信息，做出了误判，经过你的梳理和解释，明白了，然后留下。比如，下属已经在晋升名单上了，但他不知道；又比如，下属想去的某家公司，你在里面有熟人，你非常清楚那家公司的情况其实很糟糕。第二种，目前公司能够给的极限，无论是钱、发展还是感情，都还和其他公司的Offer有差距。那么，你需要向上汇报，和公司HR去争取政策。第三种，你努力了，甚至公司大老板都出面了，也还是留不下。那也没办法，赶快做好交接，把损失降到最低，大家好聚好散。

下属表现不好如何劝退

最棘手的沟通莫过于这个场景，当下属表现不好需要劝退。应该怎么办？很多管理者无论是从感情上还是行动上都很难过自己的心理关。

第一是快刀斩乱麻。你需要明白，有的岗位，对有的员工来说就是不合适的，早点让其离开反而是解脱。润米管理咨询有限公司创始人刘润在《刘润·5分钟商学院》里讲的他亲身经历的一个案例让我印象深刻，值得借鉴。刘润在一家公司任管理职位时，公司有末位淘汰的规定。他的一个下属业绩始终排在末尾，但他一直下不了决心让她离开，甚至在大老板面前保她，后来到了年底她自己主动离开了。让他意想不到的是，那位员工离开后给他发了一条长长的短信，说她特别恨刘润，因为她这一年过得非常痛苦。他这才意识到，早点让不合适的员工离开，对双方都好。

管理方法

第二是埋好伏笔。"劝退"不应该只发生在最后一刻，而是每一次和下属在做工作复盘的时候，就要谈。你需要非常具体地指出，下属在工作中无论是能力，还是态度上有哪些具体的不足。除非是一些态度恶劣，就想长期赖在公司的人，你需要寻求人力资源部，甚至法务部的支持。正常的下属，如果发现你不断地、中肯地指出他的不足，一般就会主动离开。

第三是不打无准备之仗。尤其是对于刺头型的员工，在正式谈话前你要多做准备工作。在正式谈话前可以做三件事：首先，找到劝退对象的直接上级，沟通达成共识，让他支持你的决定；拿到了他的授权，你就可以放开手脚了。其次，告诉劝退对象你希望他思考两个问题，在正式谈话时回答你——一个是，自己加入公司，是为了什么？第二个是，想要的东西，得到了吗？最后，找到人力资源部，了解相应的法律政策，这样，在谈判时，你也多了筹码。

第四，提出无法拒绝的方案。搞清楚了下属到底要的是什么，然后提出一个他无法拒绝的方案。比如如果你的公司有一位工作多年的老员工，最近的表现实在是差强人意，绩效、态度都在向着负面发展，多次提醒他也没有改进，也没有自动离职的意愿。你在做了前面三个步骤与他沟通后，最后可以给他一个极具诱惑和说服力的解决方案：让他近期出去面试，看一看外面的机会；但如果他决定留下来，就必须全力以赴，把业绩提升起来。而且你可以拿出具体证据，告诉他，他之前敷衍的工作态度，已经给公司造成不利影响，并且也影响到他在行业的口碑了。这样的方案比起直接生硬的劝退，肯定是超出对方期望的，而无论他选哪一套方案都是对公司有益的。

管理启示

每种场合，管理者都有对应的表达技巧和内容，优秀的沟通者能在不同的场合轻松自如地变换表达技巧，完美地融入场景，实现理想的沟通效果。重点是，不管是什么场景、什么目的，都不要制造对立的局面，而是站在对方的立场，在建立共识的基础上解决问题。

笔记19 管理者如何区分事实和观点

有时候，你知道的信息，只是别人想让你知道的信息。

在公司发展的过程中，很多人容易被带偏或忽悠，内部的沟通也容易不畅出现分歧，主要原因就是有些人还没学会区分事实和观点。

为何容易混淆事实和观点

美国人从小学开始接受如何区分"事实"和"观点"的教育。

不少美国人喜欢说"Interesting"，也就是"有趣"。当一个美国人说"有趣"时，你别以为他认同了你的观点。他其实是在说：关于这件事，你竟然是那么看的。他说"有趣"，不是认同你的观点，而是认同你可以有自己的观点。

在我们的文化里，我们把观点和事实搅在一起的问题很普遍。因为中国人就是习惯把意思表达得模棱两可、难以捉摸；同时集体主义占主导的文化，又让大众容易屈从权威。在这样的环境中，人很容易直接把观点当成事实，不假思索地接受，这会导致盲从的行为。

如果你跟别人聊天，你说今天很忙。那么这是一个事实还是观点？很多人觉得，工作不外乎就是忙或不忙，这明明就是一个事实。

错，工作很忙这是个人观点，而不是事实。同样的工作任务，你做要花10小时，别人做只花6小时，所以你觉得忙别人未必觉得忙。

第三部分　有效沟通

如果真的要讲事实，那么应该说，今天接待的客户量是平时的三倍。这样别人就能很明确地知道，到底是怎么回事。

其实在日常沟通、跟人打交道的过程中，我们总是会不经意地把事实和观点混淆，或许把观点当成了事实，或许把事实通过各种形容词描述成了观点。举个例子：

- 这家创业公司发展速度惊人，一年就能做到30万用户。
- 这家创业公司发展速度太慢，一年时间才做到30万用户。

这样"添油加醋"混乱事实和观点的例子，相信大家在日常的沟通中，在输入信息和输出信息的时候，都会难以区分事实和观点，甚至说着说着就被带跑了。

因此，事实与观点的区别在于，事实有"真假"，可验证，但是观点只要①不违反事实，②逻辑自洽，就没有"对错"之分。如果你认为只有自己的观点，才是无可辩驳的正确的，与之相悖的都是错的，你就是在商业世界中持有"地心说"而不自知。

管理者在沟通中容易产生困惑在于，他们容易在"观点"上投入情绪，被牵着鼻子走，而忽视了事实。很多时候因为观点不同产生负面的情绪，职业化的基础，是尊重；尊重的基础，是理解；理解的基础，是接受不同；接受不同的基础，是能够区分事实（Fact）和观点（Opinion）。

管理方法

如何区分事实和观点

人在这个社会上生存，一个很重要的能力就是鉴别、认知每天所接收的各种信息。即使是用陈述事实的方式表达出来的信息，也是需要验证的。

第一，尽可能听多方意见。

兼听则明，偏信则暗。如果两个下属有了矛盾，听描述时，你往往更容易被那个加了个人主观情绪的人影响。而且此时两个人都有情绪，听听第三方的描述更有利于弄清真相。

第二，脱离描述，分析动机。

如果你有一个能力很强很少抱怨的下属，突然有一天给你抱怨某个重要项目非常棘手，你就需要思考对方的需求，是需要公司提供人力、物力支持？还是在为提升职加薪作铺垫？分析动机可以让你拨开云雾，更深刻地区分事实与观点。

第三，挖掘隐藏信息，不断追问、追问、追问。

很多时候，信息是一串串的，但它显示的时候只有其中一个线索，我们需要找到对方不断追问。

就拿创业公司一年发展30万用户这个例子来说，假如我说这家公司发展速度惊人，一年就能做到30万用户，这个时候你要区分来看，一年发展30万用户是事实，发展速度惊人是观点。

你不要轻信了发展速度惊人是对的。你应该问，这30

第三部分　有效沟通

万用户是如何计算的？承载于APP还是微信公众号？微信公众号的话，是目前的粉丝数，还是累计关注的粉丝数？这30万用户，新增的速度如何？这是一次活动新增还是每个月都能够有新增？为了新增这30万用户，公司付出了多少成本？这个成本能不能收回？是强制内部发文要求关注，还是粉丝自动关注。30万用户中每天活跃的有多少？同一个行业里，过去一年做到30万用户的多不多？……在筛选信息并不断追问其他隐藏信息之后，你才会距离真正的事实越来越近。

管理启示

什么是事实？就是在客观世界中，可以被证实或者证伪的东西；什么是观点？就是在一套认知体系中，不违反事实，逻辑自洽，因此无法被证明对错的东西。

沟通之中，多列举数字，少一些粉饰；多追问根源，少一些主观判断；多一些尊重和理解，少一些情绪冲突，这样的沟通方式可以降低很多的沟通成本，让整个团队也更加高效。

事实有真假，观点无对错。遇到不同观点时，我们不要面红耳赤、割席断交，而要说：有趣。

管理方法

笔记 20　没有解雇过员工不是个好管理者

如果主管让胜任或是破坏型的员工仍然留在组织里不做任何处理,就是在处罚那些表现优秀的人,就会劣币驱逐良币。

有人曾说扎克伯格令人印象最深刻的事情之一,不是他雇人雇得好,因为很多企业领导人都会这么做,而是他很会炒人,他可以迅速解雇那些不适合的人。

很多管理者都知道,招聘人才,尤其是招聘优秀的人才,这点非常重要,大多数人也会优先考虑这一点。但迅速解雇员工也很重要,因为他们不适合这个团队,大多数管理者并不理解这一点,或者他们理解,但解雇人太痛苦,他们不想做。

解雇员工为什么难?

解雇人的难度,对很多管理者来说,难度不亚于男女之间说分手,总是难以启齿。

美国行为经济学家丹·艾瑞里在《怪诞行为学》中表达了一个观点:我们同时生活在两个世界里,一个世界由社会规范主导,一个世界由市场规范主导。

在社会规范中,人与人之间的关系是受情感驱动的,是友好且界限不明的;在市场规范中,人与人之间的关系是受

第三部分 有效沟通

效益驱使的,是冰冷且黑白分明的。

许多公司的内部,往往是以社会规范为主导的,他们提倡"公司是我们共同的家""互敬友爱""以人为本"。老板在看待员工的时候,慈祥得就像看待自己的子侄一样。

在某种程度上,在打造团队士气、提升团队凝聚力方面,这种做法是有好处的。但是,假如你是"开除"这个动作的决策者,那就痛苦了。想象一下,你会不会对自己的孩子说:孩子,很抱歉由于你最近太过调皮,我和你妈评估了一下,觉得你不适合这个家庭。从今天起,你就去隔壁李叔家住吧。

解雇员工另一方面的阻力,来自"宜家效应",这一理论同样来自丹·艾瑞里,说的是人们对一件事物或一个人投入的劳动和情感越多,就越容易高估这件事物或人的价值。

就好像当你在宜家买了一堆零配件并最终把它们组装成鞋柜时,你对这个鞋柜的喜爱会超过同价位的其他成品。

这个和男女之间谁付出得越多,谁就越爱对方是同样道理。

所以每当你有辞退某个员工的念头时,记忆就会开始翻滚。你会想起你俩为了完成项目在某个冬夜一起奋战到凌晨两点的日子。(尽管实际上他可能就是陪着你而已)

你会想起过往一年时间里你对他的耳提面命、苦口婆心和谆谆教诲。(尽管结果证明了他左耳朵进右耳朵出)

然后你就开始犹豫了,甚至会开始想:万一我辞退他之

管理方法

后,他找不到更合适的怎么办?我对他付出了那么多,一旦辞退了岂不是全部心血都浪费了?

假如你这么想,就陷入"沉没成本"谬误了。沉没成本,指的是由于过去的决策已经发生了的,而不能由现在或将来的任何决策改变的成本。

员工流失率与沉没成本

提到沉没成本,我们先从一个叫"员工流失率"的概念开始。员工流失率,是考验"知人善用"的管理者的一个非常重要的指标。

数据显示,招聘一名员工的过程花费,大概是该名员工年薪的50%;而当一名员工离职时,所带来的业绩损失大概是该名员工年薪的30%～400%。这几个数字里面就蕴含着大量的沉没成本,沉没成本有时候真的足以让人淹没。过高的员工流失率,意味着失控的招聘成本和巨大的业绩损失。

员工流失率是越低越好吗?也不是,极低的员工流失率,证明公司管理层存在低绩效的容忍。允许绩效差的员工留在团队,损失的不仅是工资,而是本应获得的业绩。另外,绩效差的员工通常更不愿离开,因为他可能找不到另一份工作。为了安全,他会想办法挤走绩效好的人,你的团队会越来越没有战斗力。

第三部分 有效沟通

那多高的员工流失率，是合理的呢？2013年，整个美国的商业系统，平均员工流失率是15.1%。根据怡安翰威特职业测评的数据，2016年，整个中国的商业系统，平均员工流失率是20.8%。所以大家一般认为，10%是合理的员工流失率。

杰克·韦尔奇认为，大家很容易认识到员工流失率太高的问题，却很难认识到员工流失率太低的危害，所以，他提出了著名的"末位淘汰制"（也叫"活力曲线"），他把员工分为：20%的优秀员工，70%的中等员工，和10%的末位员工。末位员工必须提升自己，或者转岗，或者面临被淘汰。这个制度，被认为是给通用电气带来无限活力的法宝之一。当然，这个制度也从来没有少过争议。中国的法律规定，企业不能以"末位淘汰"为由，解雇员工。所以一些推行"末位淘汰制"的公司，会用PIP（Performance Improvement Program），也就是绩效改进计划，寻求在法律允许的范围内，实行"末位淘汰制"。

员工流失率，只是一个笼统的指标。如果说10%是合理的员工流失率，那这10%离开的员工，包含了自离的员工，有多少是优秀员工，多少是末位员工呢？优秀员工流失，叫"坏流失率"（Bad Attrition）；末位员工流失，叫"好流失率"（Good Attrition）。

管理方法

据传在微软，公司就会考核各个部门的好流失率和坏流失率。如果一个部门的坏流失率破了零，也就是有优秀员工流失了，那是大罪，会有专人来仔细和部门负责人聊，到底出了什么问题。如果好流失率太低，说明部分负责人没有积极处理末位员工，也会有人来谈话。

解雇的正确流程

解雇员工在情感上是很难处理的一件事，也不是每个主管都能执行得令人心服口服，若处理不好有可能造成对方怀恨，产生后遗症。那到底应该怎么做呢？

第一，制定标准的考核制度。很多管理者不懂得如何解雇员工，是因为绩效考核制度不健全，所以无法公平地分出20%优秀员工，70%中等员工，和10%末位员工。他们只能基于主观判断解雇"不满意"的员工，而不是基于客观上和制度上的"不称职"员工。也许管理者不满意，就是因为员工不称职，但因为绩效考核制度不完善，员工很难心服口服。

第二，预期管理。优秀的管理者，必须经常和员工沟通，做好预期管理。对优秀的要支持，对中等的要帮助，对末位的要指出，让员工及时得到对自己绩效的反馈。不能全年说你好，考核说你差，要避免惊讶。有效沟通的结果是：一名优秀员工主动离职，你不惊讶；你让一名末位员工离职，他

第三部分　有效沟通

不惊讶。

对于不胜任工作的员工要第一时间启动不胜任员工对话，目的有三：一是确认员工是否了解自己表现不如预期，双方的认知是否有差距。二是确认公司有没有资源可以帮助？有时候公司目标不明也会使员工无所适从。三是双方共同订立一个改进计划和期限，作为下次检讨的基础。

第三，该出手时就出手。对于进行了预期管理持续不改进的末位员工，果断解雇。对他们的容忍，是对优秀员工的不公。试想一下，假如我们已经确认某个员工真的已经不再适合公司岗位的要求，但我们却一直下不了辞退决心的话，沉没成本是不是会越滚越大？时间拖得越久，就会越难下决定，该出手时就要出手。很多管理者总让HR出面，不愿亲自解雇员工。解雇员工是对管理者的一项考试，不能找人代考。亲自面对员工，一是考验你解雇他的理由，是否能让员工心服口服；二是考验你面对员工的失望、沮丧，甚至愤怒，自己这么做是否真的合理。

管理启示

没有亲手解雇过员工的管理者，不是好的管理者。好的管理者，不但要懂得招人，也要懂得裁人，甚至是裁掉自己亲手招进来的人。这就像人一样，热爱美食，也要坚持运动，

管理方法

否则脂肪就会不断堆积,直到走不动路。

合理的员工流失率不是坏事,比如10%,流水不腐,户枢不蠹。

亲自解雇不改进的末位员工,是管理者的成人礼。我们需要注意的是,除非是重大业务事故,否则没有必要宣扬对方是被公司辞退的。毕竟你要的只是辞退对方这个结果,并不是要追求什么"杀鸡儆猴"。

笔记21 面试时让应聘者回去等消息影响企业声誉

公司要慎重对待每一个面试被拒的人,他被你拒绝,不代表他不是人才。

"今天就到这里,请回去等消息吧。"

对于求职者来说,这恐怕是最常听见的一句话,也是让人备感折磨又爱又恨的一句话。

爱是还有若有似无的希望,还有机会加入心仪的公司;恨是听到这句话之后,就一直望眼欲穿地等消息,然后,就再也没有然后了……

第三部分　有效沟通

虽然你再也记不住应聘者的名字,但是应聘者会牢牢记住你。下一次和朋友一起逛商场,看到你的品牌,他们可能会跟朋友说,就是这家公司忽悠我,一点诚信的品质和负责的态度都没有。或者,等他哪天成功了,会用某种方式对你表达:今天你对我爱搭不理,明天我让你高攀不起。

电脑极客丹尼尔·艾克在16岁那年申请入职谷歌,但遭到了拒绝,理由是他没有学士学位。"我会给他们点颜色看看——我要创造自己的搜索引擎!"失落的他心里暗暗想道。

2013年,丹尼尔·艾克想出了一种听音乐的新模式,那就是流媒体音乐服务平台——Spotify,让用户能合法地通过互联网获取音乐,他一时间名声大噪。当时估值大约30亿美元,活跃用户人数超过2400万,付费用户人数则超过了600万。

后来,谷歌推出了与Spotify平台类似的谷歌音乐服务,展开与Spotify的竞争。但是,谷歌音乐非但没有令Spotify受损,反而是对这两项服务进行对比的宣传活动给Spotify带来了福利。谷歌于是干脆顺势而为,与Spotify展开收购谈判。

当然谷歌并不知道,这个丹尼尔是曾经被他们拒绝的人;谷歌更不知道,丹尼尔早在多年之前,就和自己结下了梁子……

133

管理方法

丹尼尔说：别人想来收购，30亿美元，你谷歌想来收购，那就是100亿美元。

就是这一点颜色，让谷歌要多花三倍的溢价来买下这家公司，谷歌最后无法接受，也就没能买下Spotify。

谷歌当然不会想到，这件让自己捶足顿胸的大事，竟然是因为多年前的那件小事。艾克实现了当年给谷歌一点颜色看看的想法，他的百亿报价，就是让谷歌觉得，有些高攀不起了。

所以，要尊重那些被拒掉的人，哪怕他们不合适，也要真诚友善地打一通电话或发一封邮件，谢谢别人来参加你的面试。否则，你可能在无意间，就培养了一个新的敌人。

无独有偶，2014年，Facebook以190亿美元的天价收购了只有50个人的即时通信应用WhatsApp。而在5年前，WhatsApp的联合创始人之一布莱恩·阿克顿想从Yahoo跳槽到Facebook，但在经历了一系列面试后，Facebook拒绝了他。求职不利的阿克顿随后参与创办了WhatsApp。他的戏剧性经历被网友评为年度最励志故事。

如何面对面试失败者

管理者如何面对面试失败者，非常重要。按中国人的礼仪习俗，直言别人的失败似乎有些失礼，本质是当面揭短，让人没有面子，即没有照顾到对方的自尊。如果一个人面试成功了，你有很长时间建立他对公司的好感，但是如果面试失败了，他可能带着负面情绪离开，你却连辩解的机会都没有。这些人未来，可能是你的伙伴、客户或者竞争对手。

因此，如何面对面试失败者，真是一门细节处的小学问。

第一，**有面必答**。如果决定录用一个人，可以当场告知，或者用电话口头通知。但是拒绝一个应聘者，如果觉得不适合当面告知或者电话通知，怕双方都会觉得不大自在的话，最好是面试时告诉对方会尽快通知他结果，客气送走，然后在面试结束的1—2个工作日，以电话或邮件的方式告知候选人："抱歉，我们这个岗位的人员已经确定下来了，后期有机会我们再联系。"

第二，**尽量委婉**。拒绝信的内容和措辞要委婉。拒绝信首先要表达对应聘者关注本公司的感谢，然后要表达对应聘者优点的欣赏，比如"您的谈吐和资历给我们留下了良好的印象"，再客观地描述，很遗憾这次不能录用，是因为彼此不合适，而不是能力不行。

第三，**期待未来**。拒绝只是暂时的，"凡事留一线，日后好相见"，拒绝信要具有鼓励性，表达未来合作的可能性。比如说："我们已经将您的资料列入人才储备档案，希望我们今后有共事的机会，再次感谢您对本公司的信任与支持。"真的留下简历，也留下了信任。

管理方法

第四，统一措辞。公司要把拒绝信当成一件正事认真对待，答复未被录用的应聘者不能每次都临时思考措辞，要形成统一的表达方式。这样可以保持公司形象的统一，也能做到公平地对待每一位应聘者。

如果可以，我们甚至可以寄出带有公司 logo 的小礼物，这种做法是把那个求职者当作潜在的客户来对待。

所以我们的目标，不仅是让对方知道他面试失败的结果，还要让他感受到我们的真诚和尊重，用我们的专业和态度维护好公司在对方心中的雇主形象。

1. 太虚的话最好不说

"您非常优秀"之类空洞的客套话，虽然表明我们在尊重对方，但并不能体现我们的专业素养。

建议要适当褒奖对方的时候，最好稍微具体一点，比如"您简洁高效的沟通方式给我们留下了深刻的印象""您的个人经历中的某时某事让我们非常钦佩"。

有论点，显得更真实，对方自然也感受得到我们的用心和专业。

2. 揭短的话要谨慎说

唯有同时满足以下几个条件时，不妨告之：对方经过多轮较严肃的面试，投入了很多时间和精力，并已经接近了最后的阶段；对方的缺点不涉及社会称许倾向（如能力、性格、性行为、滥用药物等议题）的，甚至只能算是特点而已；沟通的时候你得适可而止——否则对方会出于为自己辩护的目的没完没了和你辩论。

在这样的情形下，招聘者的意见或许对应聘者认知自我有帮助和启发，不妨坦诚告知。一般能到这个阶段，你们也极有可能成为私下的朋友。你的人才库也扩充了一位啦！

管理启示

面试的作用远超面试本身。每次面试，都是一次企业形象的对外公关，是公司做点对点宣传的一个场景。首先，一个人才能进入到面试的环节，一说明其本质、能力等都还不错，另外也说明这名应聘者对公司有较多的关注甚至是理解，也是较为看好和认同公司的。所以公司在面试的过程中，每一步都是在展现公司的形象，也是对公司最直接的宣传，所以面试给应聘者的印象能很大地影响其对公司的看法。

笔记22　离职管理——让人才"离而不失"！

离职员工即使离开了企业，对于企业而言，仍然具有非

管理方法

常大的价值。这种价值，除了立显效果的对于企业雇主品牌形象的传播价值，还有未来潜在的合作价值（人才举荐、回流、商业合作等）。

一个深受你重用的员工提出离职，你非常错愕，万万没想到，居然他会提出离职。然后，你开始焦虑，他手上那么多重要项目，如何是好？接着，你开始愤怒，我对你这么好，你居然无情无义。但你也知道，错愕、焦虑或者愤怒，都于事无补。怎么办？

"天下没有不散的筵席""分手亦是朋友"

面对员工，企业有三件事无法避免：迟到、请假、离职。既然无法避免，不如积极面对。

马云曾在阿里巴巴离职员工大会上说：即使你今天加入腾讯、百度、京东，任何竞争对手，阿里对你不会有任何生气，只希望你把阿里"让天下没有难做的生意"的使命感带过去。我不相信你去了那边会破坏阿里的生态系统，我们要有这个气度。

离职员工，与在职员工一样，都是企业宝贵的人才资源，我们需要重新认识、持续经营和善于利用这些资源，把员工与企业的每一个接触点当作企业的价值创造点，挖掘和发挥他们的潜在价值，做好离职员工的关系维护与管理，让人才"流而不失"！

离职面谈

离职面谈，不是挽回，也不是批评，而是管理处于"危机"中的旧关系，同时面向未来，建立你们之间的新关系。

第一，深挖离职原因，推动管理改善。

一次好的离职面谈，能够以他为镜，看到自己身上，或者公司身上的问题，加以改善。要想获得有价值的反馈和建议，你要善于提问，乐于倾听。比如，很多人离职都是因为对直属经理不满。但如果你直接问，他一定会说，没有没有，他挺好的。你要问：如果是你坐你领导的位置，你会有些什么不一样的做法？这个问题可以让他说真话。他觉得可以做得更好的地方，就是他认为他领导做得不好的地方。再比如，你不能问，你觉得我们是家好公司吗？你肯定没法得到下面的回答。你要问，你能推荐几个朋友加入我们公司吗？如果他直接拒绝你，那基本上就说明，他对公司很失望，不愿意让朋友跳火坑。你还要问一个重要的问题：你离开之前所负责的那个项目，怎么做下去最好？他这时给你的意见，不会阿谀奉承，而会是中肯的看法，值得参考。最后，不要忘了再向他提一个要求：我能不能再请你帮我最后一个忙？他会

管理方法

说：您说？你说：你能不能答应我，在1年之内，不从公司挖人？他多半会答应你，因为在这个时间点上，他暂时只关心自己的职业发展，还没有动心起念要挖人。等他在新公司站稳脚跟，就可能要打老同事的主意了。提前获得一个君子承诺，非常重要。

第二，转变关系。

员工离职，多少可能有些对公司的不满，如果处理不当，很可能不满会变成怨恨，他出去后，到处说你的坏话，处处与公司为敌。

所以，成功的离职面谈可以帮助企业多一个朋友，少一个敌人。管理者应抱着尊重、关怀的态度，与员工真诚交流，了解员工的真实感受；在了解他们对企业管理改善建议的同时，也给予他们适当的职业发展建议，就是要真诚地站在他的角度着想，看看能为他的前程提供什么帮助。比如，他如果想先休息一段，再找工作，那就看看能不能帮他写封推荐信，或者聘请他当一段时间的外部顾问；如果他是去创业，那就和他聊聊他的创业想法，给些建议，并安排相关部门和他聊聊合作的可能性；如果他是因为更好的职位，去别的公司，那就祝贺他，并欢迎他在合适的时候回来，一起做更大的事业。这些沟通的目的，是把你们之间的关系，从上下级，变为朋友。

做好离职人员关系维护,搭建离职员工回流机制

人们出于各种原因离开公司。有些人因为缺乏成长机会而离开,另一些人是因为他们的公司没有为他们提供远程工作的可能性,或者仅仅是因为他们在新岗位上有更好的报价。人们并不总是因为不喜欢公司管理者或企业文化而离开公司,这就是为什么其中一些人在另一个组织一段时间后马上"回旋"的原因。

因此,建章立制,加强与离职员工的关系维护和个性化互动,建立合理的回流机制就很有必要。

- 定期与离职员工进行电话、邮件问候,发送生日祝福短信、节日问候等。
- 建立离职员工社群组织,如腾讯校友会、阿里校友会、搜狐同学会、华为"华友会"、网易"离易"、京东"东京不热"等。
- 邀请离职员工参加企业活动或公益活动(例如周年庆、志愿者活动、运动会、交流论坛等)。

管理启示

员工在企业任职期间和离职期间的体验,塑造了他心目中的雇主形象。在公司工作期间,员工有几个"重要时刻",比如上班第一天,有趣的团队活动及下岗时间。如果员工对

管理方法

在公司度过的最后时光怀有美好的回忆,那么他将高度评价前雇主,他将成为公司的大使甚至客户。

因此,对于无法挽留的优秀人才,我们要真诚地与他们沟通,精简离职流程,优化离职体验,并祝福他们,与他们保持良好的互动关系。

笔记23 "说"出画面感,让沟通更有效

人通常会忘记你说的话和你做的事,但永远不会忘记你给他们的感受!

著名的洗发水品牌"飘柔"曾经出品过一个非常出彩的广告,它以这样的画面开场:美国足球运动员、奥运会金牌得主米亚·哈姆以90秒的时间弄乱头发,并在90秒内复原发型。在这个画面中,故事简单、内涵丰富,重要的是观众能够一下子就心领神会。

从营销心理学来说,听众往往处于"懒惰"状态,他们在购买产品、享受服务时,希望得到更为简练和形象的提示,不喜欢花费太多时间来听那些毫无趣味的逻辑。比如,有一

辆劳斯莱斯很贵，售价一千多万。怎么表达，能让大家对于这个"贵"有一个感性的认识？我比较喜欢这个表达：这辆车到底有多贵？一个农民，从商纣王还没有出生的时候就开始工作，不吃不喝一直干到社会主义初级阶段，也许才能买得起一辆这样的轿车。这种表达，会让听众产生联想，自己思索、总结产生"贵"的感觉，而不是你直接告诉他"贵"这个结果。这种豁然开朗的感觉，甚至会让听众产生"哇哦"这样情不自禁的惊呼，这来自你刻意营造的"画面感"。

为什么画面感更有说服力？

试着让听众用眼睛看到你的语言中的布景，让他们用眼睛来听演讲。这就是所谓的画面感。为什么透过视觉和听觉塑造画面感，能使说话变得生动？原因在于，语言传递的信息量，小于声音；声音传递的信息量，小于画面。所以，听众获得的信息，通常只有7%来自语言，38%来自语调与声音，而其余55%则来自肢体语言，来自他们眼睛看到的画面。

就像美国前总统小布什一样，为了发动对伊拉克的战争，他不得不用大量的证据和逻辑性强的语言来寻找发动战争的借口。但这些逻辑堆砌起来的语言和借口且不说能不能完全说服别人，仅仅看他在国会上所做的那些长篇大论的演讲，听起来可不怎么让人舒服。反倒是当时的国务卿赖斯

管理方法

说的一句话起到了不小的作用：我们都见识过萨达姆的杀人技巧，他在种族屠杀方面令人害怕，所以如果他掌握了大批生化武器，那么各位可以想象一下中东地区会成为怎样的炼狱。赖斯短短几句话，就让很多人的脑海中浮现了生灵涂炭的场景，因此他们愿意对伊拉克发动战争。

画面感，可以极大地增加语言的带宽，把复杂的情绪，编码在简单的文字中，传递给听众。

如何"说"出画面感

那怎样才能构造画面感，然后用画面感增加语言的带宽呢？我们以下分享几个方法，让你更容易说出画面感：

第一，具体到细节。画面感来自具体的，甚至细节的布景。有道具，尤其是越具体、越细节的道具，越有画面感。

举个公司领导讲话的例子：某个公司领导谈新年计划时会说：我们明年的目标就是争取在航天领域中达到世界领先地位，所以明年我会在研发上增加投入，争取1～3年内，我们的航天水平达到世界的最新高度，领先其他国家5～10年。

另外一个版本：我们接下来3年的目标：做到把人送到月球，同时可以活着把人带回来。

哪个版本更打动你？第二个版本不但有了清晰的布景和

生动的画面，还有故事。假如我是这个公司的员工，显然这个版本的描述更能打动我。

第二，善于用类比。你有没有体验过，要说一件事或讲一个道理时，怎么也讲不清楚，对方也听不明白呢？这时候最好的方法就是善用类比。把一个抽象的东西，用一个具象的东西做类比；把一个不熟悉的东西，用一个熟悉的东西做类比，这样很容易产生"画面感"。

类比的关键，是善用"相当于"这个连词，也就是将人、事、物想象成另一种"特色相似"的事物，让句子变得更生动有趣。例如补光灯是圆形的，中间镂空就好像是白色会发光的甜甜圈一样。我们也可以说，使用补光灯就像是戴上天使光环一样，让你气色变得更明亮。

再比如，你提到大家不熟悉的跨国公司头衔，可以说"Corporate VP，就是集团副总裁，相当于中国的正部级、中央委员。当然，投资公司里的 VP 概念完全不一样，可能只相当于正处级、副局级"。

第三，多感官表达法。想要说出画面感，你脑袋中一定要先有画面，试着多用不同的感官如视觉、听觉、嗅觉、味觉、触觉等描述出来，就像拍电影一般，会使用不同的场景、道具、音乐音效、人物角色等塑造出不同的感官体验。

假设你要表扬下属组织的年会以期望今年办得更好，你

管理方法

如果只说:"你们去年组织的年会太精彩啦。"听起来较单调而没那么有动力。

若加上不同的感官体验,改成:"去年我看了你们组织的年会,那个舞狮锣鼓的震撼开场我现在都还记得,还有几个好玩的舞蹈动作我现在还能跳出来,当时的游戏抽奖环节也是把现场气氛推向了高潮,活动结束大家都久久不愿离去,我已经等不及今年的年会表演了!"

管理启示

画面感,就是通过语言构造布景,让听众用眼睛来听演讲的能力。画面感,可以极大地增加语言的带宽,把复杂的情绪,编码在简单的文字中,传递给听众。当我们在沟通时,试着练习把抽象的词语转化为具体的场景,用多感官表达转化成听者容易体验和感受的句子,适时地运用类比,用具体的事物把抽象的道理表达出来,刻意练习说出画面感,将能增加说话的感染力。

第三部分　有效沟通

笔记24　和团队成员谈心的技巧

作为领导者，要想深挖团队潜能，至关重要的一点就是经常性、非正式地和团队成员保持沟通，把大量的时间和精力放在"人"上，思考如何帮助团队成员提升自己。

美国通用电气集团前CEO杰克·韦尔奇，曾经在他的《赢》一书中指明了领导者管理团队应该做的八件事。这八件事中，其中有几项与沟通、谈心相关。我们从他对领导者应该做到事情中，不难得出与下属谈心的方式方法和注意事项。

谈心的三个关键要点

一是要坦诚与下属谈心的目的。

如果哪一天你通知下属或者告诉下属"我们找个时间谈谈""我们找个时间聊聊"，你有没有目的不要紧，但下属一定会在心里打一个大问号："他为什么要找我谈谈？"于是他心里会生出众多的答案：我什么地方犯错了？又要给我派什么难的任务？我的绩效出问题了？我让他抓住什么把柄了？等等。

所以，为了打消下属的疑虑，与下属谈心前管理者先要想好谈心的目的，并在谈心正式开始之前就把目的告诉他（除

管理方法

非不告诉他是一种谈心的策略），而不是非要掩饰：没事儿，我们只是随便聊聊。下属又不是傻瓜。足见你不够真诚，也违背了杰克·韦尔奇的"坦诚"原则。所以，谈心的目的要明确，自己也要围绕着这个目的展开谈心，而且，自己正好可以就这个目的对谈心的内容有所准备。

二是要选择适当的时机谈心。

选择适当的时机，与谈心的质量息息相关。所以，管理者不能想什么时候把下属拎过来谈谈就什么时候拎过来谈谈，这缺乏对下属的尊重。这个时机首先对于自己来说应该是对的，比如自己心情不错，或者自己没有被坏情绪干扰，或者与下属谈心正好在自己的时间计划当中。谈心的时机，对于下属来说也应该是对的：下属正好有空的时候，下属没有被烦心的杂事干扰，等等。

谈心的时机，最好不要选在临下班时，至少不要在下属就要下班的时候通知他"我要找你谈谈"。这个时候他的思想最不集中，他无法把注意力集中在谈心这件事情上。的确需要下班时间那个点谈心，那就应该提前几个小时通知到下属，而不是下班前的一分钟告诉他"你到我办公室一趟"。

三是保持好奇心，不要过早做评判。

作为上级，很多时候，你是在帮助下属找答案，而不是把你的答案扔给他。因为作为领导者，你可能比团队成员更

第三部分　有效沟通

有经验和想法，很容易直接给出建议（这比长时间的谈话轻松得多），但如果能让他们自己去悟一些道理，效果会更好。《所谓会带人就是会提问》的作者迈克尔·邦吉·斯坦尼尔曾说：如果你在对话时，主动做提问的一方，就是给对方话语权。

我曾经有一名学员小蕾，她说自己在职业生涯初期备受煎熬。她很喜欢自己的工作，喜欢在工作中创新，但是她的领导不愿意给她时间去摸索和成长，恨不能手把手地教她，每走完一步就告诉她下一步应该怎么走，这让她感到窒息，当她向他请教问题时，他总是直接给出意见，就把她打发了，从不解释原因。

这种情况并不是个例，很多公司里都存在类似情况，这种做法在短期内对领导者来说是非常有效的，但是从长期角度来看这并不利于组织发展。

好的反馈来自对的问题

我们经常说要"学会倾听"，其实，"学会提问"更重要，你只有问对了问题，才能得到有效的反馈。那么，有没有一些提问的技巧呢？当然有，当你和下属谈心的时候，你只要抓住这五个疑问句，基本上就可以很轻松地驾驭谈话。

- 发生了什么事？（清除心理干扰）
- 你怎么看？（了解心理干扰和独立思考）

管理方法

- 你都试了哪些办法？（让她意识到她对这件事是有责任的）
- 你需要哪些帮助？
- 还有吗？

当然，和下属谈心时，你不能机械地往外抛这些问题，你需要有的放矢地回应，甚至追问。

"发生了什么事？"谈心的目的，不是求全责备，而是解决问题。下属遇到事情的时候，本来就有心理压力，很容易惊慌失措。作为上级，你的一句"发生了什么事？"首先，就让下属的心定下来。通过这个"客观"的问题，确保下属给你提供的信息，也尽量是客观的。

"你怎么看？"知道了发生什么事情这样的背景信息，你还不能马上给下属建议。这时候，你需要问，你怎么看？引导你的下属去独立思考分析问题，同时，让他感到自己的意见也很重要。

"你都试了哪些办法？"人是有惰性的，往往习惯做伸手党，反正上级下命令，我执行，做错了，上级也要背锅。你问他："你都试了哪些办法？"就是让你的下属意识到，他对这件事情是有责任的。

"你需要哪些帮助？"这是很容易增进你和下属关系的一句问话，同时也可以开阔他的思路。因为很多时候，人都容

第三部分　有效沟通

易陷入埋头苦干的封闭状态，而忘了向外部借力。你可以这么问："要达到你的目的，你需要哪些支持和资源？"当然，后面要真的从行动上响应，提供应有的支持。

"还有吗？"这句话，应该是在下属每次说完之后，都需要问的。有的时候，一些重要的信息、想法，下属欲言又止的那一个瞬间，就差你的一句"还有吗？"他就说出来了。总之，等到他把想说的都说了，你再进入下一个问题。

管理启示

谈心的产出，是行动和结果。光感动，没行动，一点用都没有。所以，在和下属谈心的时候，你可以鼓励他畅所欲言，但是，谈完之后，必须要有下一步的行动计划，并且督促他去做。这种通过带着下属找到答案，让下属找到自己解决问题的方法的思路，其实有个更专业的叫法，叫作"教练技术"，就是让你像球队教练一样，帮助下属成长。

笔记 25　以退为进——权力有限策略

精于谈判之道的人信奉这样一句名言："在谈判中，受

管理方法

了限制的权力才会成为真正的权力。"一个优秀的谈判者必须学会利用有限的权力作为谈判的筹码，巧妙地与对方讨价还价。

有一期鲁豫采访王健林的视频，王健林说：我的面子薄，比较容易心软，经不住别人求，别人一求就答应，所以我谈判不太容易谈到比较好的条件，公司都不主张让我去谈判。

其实，无论是否心软，公司最大的老板都不适合去谈判，因为你背后没有了缓冲的地带。老板知道成本内幕，而且他能承担产生的任何后果。

何为"权力有限策略"？

权力有限策略是谈判中一个很重要的缓冲策略，是指谈判者为了达到降低对方条件、迫使对方让步或修改承诺条文的目的，采取转移矛盾，假借上司或委托人等第三者之名，故意将谈判工作搁浅，让对方等待，再趁机反攻的一种技巧。

其实权力有限在我看来无非就是以退为进，生活中的案例比比皆是：比如我看中了一辆车，售价36万，跟4S店的销售价格谈得差不多了，最后说28万我就成交，销售说你这个价格太低了，我要请示一下老板，5分钟过后她回来了，说:"老板说了今年生意不好做,虽然从来没卖过这么低的价格,看你这么有诚意,就当交个朋友了,还希望你多给我们介绍几个客户,28万就28万了。"我转念一想,她怎么这么痛快就接受了,是不是给高了,赶紧回复说:"好的,那这样我给我媳妇打个电话,毕竟家里掌握财政大权的是她。"4S店销售瞬间石化,默默给了一个"原来你也会"的眼神。

成功运用权力有限策略,对谈判者大获全胜很有作用。

第一,有效地保护自己。谈判者的权力受到限制,也就是给谈判者规定了一个由有限权力制约的最低限度的目标。例如,买方"成交价格超过每件100元,须请示上级",这种权力限制实际上给对方规定了一个最低限度目标——成交价格最多不能超过每件100元。

第二,可以使谈判者立场更加坚定。一个未经授权的卖主,不能答应降价、赊账或打折;一个未经授权的买主,无权超出预定价格成交。

第三,可以作为缓冲的盾牌。权力有限策略作为一种技巧,有些是真正的权力有限,有些则不完全属实。有的谈判者本来有作出让步的权力,反而宣称没有被授予做出这种让步的权力,这实际上是一种防止自己考虑不周作出错误决策后没有转圈余地的缓冲盾牌。

管理方法

如何运用"权力有限策略"?

你可以试试在四个方面主动限制自己的谈判权力：金额，条件，程序，法律。

第一，金额的限制。这也是最常用的"权力有限策略"。他给谈判设定了一个最低目标，比如"成交价格最多不能超过每件 100 元"，并用"对不起，我要和领导商量一下"作为盾牌，保护这个目标。

第二，条件的限制。条件的限制，更加容易使用"权力有限策略"，你可以大方地说：金额可以谈，但"服务费用占开发费用的 15%"的这个条件不能谈，谁来都不能谈，这是我们一贯的原则，因为它关乎项目最终质量。如果要打破这个原则，我们只能回去开会讨论了。相对于金额，条件的限制，更容易被对方理解和接受。

第三，程序的限制。"原则上我可以答应你，但所有新产品上线，都要运营部门签字同意。我把我们刚刚谈完的参数指标整理一下，请运营部门今晚加班看一下，明天给你最终答复。"这就是用程序的限制，获得回转余地。

第四，法律的限制。合规、财务、法务等部门，常常为公司做背锅侠。但是，他们却可以成为"权力有限策略"中非常重要的"不露面的人"。"刚才的条款，我全部同意，但还有一些合规性的担心。合规部门那些同事，整天给我们找麻烦，很难搞，你懂的。我请他们在不改变条件的前提下，再看一遍条款。"

管理启示

权力有限策略，就是通过设定一个真实，甚至虚构的"不露面的人"限制自己谈判的权力，从而给自己的决策上保险，这样当自己在谈判中处于弱势或是作出不利决策后，可以使出这张"王牌"，让对方做出最大可能的让步。在商务谈判中，很多人喜欢在名片上印"董事长&CEO"的头衔，这虽然看上去很牛，但也会让你在谈判的时候，失去退路。你可以试着在名片上印"创始合伙人"，遇到艰难的问题时，你可以有余地和对方说："对不起啊，这个问题很重大，我必须尊重我的几个合伙人的意见，请稍等，我去打个电话。"这样，既维护了己方利益，又给对方留了面子，为谈判留下了余地。

第四部分　营销力就是价值力

价值力指企业的产品（服务）所能带给顾客的价值，体现出企业的产品客观上能多大程度满足顾客的需求。因此，价值力是整个企业营销力的基础。

笔记 26　顾客消费是为了什么？

营销更像是一种艺术创作，它的真正价值取决于你的想象力。顾客的真实需求是画布，你创造性地制订针对顾客需求的企业运营计划才是最后的画作。

客户为什么要消费？客户为什么要去你那里消费？"我们是最好的""我们产品的质量是最好的"这些含糊其词、放之四海皆可的答案看起来不具有说服力。

你要知道，潜在客户总是面临三个选择：

• 从你这里买

管理方法

- 从你的对手那里买
- 什么都不买

也许你会觉得，竞争对手才是最棘手的问题，其实不然。在现实中，你最大的对手是客户的惰性。因此，你首先要解决的问题是"客户为什么要买"，也就是什么驱动他们购买，其次你才需要思考如何吸引他们到你这里买。

客户购买的七大驱动力

全球消费市场报告平台——英敏特，认为驱动消费者支出有7大关键因素：身心健康、社会环境、科技、权利、身份认同、价值、体验。英敏特亚太区趋势总监Matthew Crabbe还分析了这7大驱动力将如何影响未来10年的市场、品牌和消费者。

身心健康：寻求身体和心理健康。

身心健康不再只是广义上的照顾好自己，也不是极端地改变所有生活方式。恰恰相反，基于便利性、透明度和价值考量的全局视角正在成为消费行为的关键驱动力。未来10年，品牌有望成为消费者身心健康的伙伴。尽管大众市场和"一刀切"的方式仍然具有价值，但市场将进一步采用定制化解决方案。清洁的空气和水将成为卖点，同时，意识运动和正念训练将变得和健身一样重要。

第四部分 营销力就是价值力

社会环境：感到与外部环境相通。

全球人口增多，气候危机加剧，这迫使人们减少消耗、浪费和能源使用。人们学习更有效地共用有限空间并加强合作。更好更平价的电信技术使灵活的工作环境成为可能，越来越多的消费者成为数字游民。未来10年，社会矛盾将随着资源竞争加剧而日益尖锐。这将导致社会阶层分化更严重，无法更有效地运用资源并进行更好的城市规划。城市继续扩张的压力加大，蚕食原野荒地和乡村农耕区域，提高生产食物的成本——导致对大部分人而言，即使是基本品也变得更加昂贵。

科技：在实体和数字世界中运用技术寻找解决方案。

移动技术将继续融合时间、旅行、工作地点、学习和休闲娱乐的界限。虚拟和增强现实技术（VR/AR）将为旅游业和娱乐业等行业带来变革，虚拟电子竞技的流行度也将媲美实体运动。未来十年，消费者将对无现金支付和无人商店反应冷淡，要求更多数据隐私并寻求更多人与人之间的互动。在经济不平等和老龄化社会等种种挑战中，我们将看到为减轻迁移和流离失所造成的影响而开发的技术出现。

权利：感到被尊重、受保护、获支持。

消费者越来越觉得可以叫板和他们意见相悖的公司、品牌和个人，"抵制文化"愈演愈烈，影响力明显转移到集体

管理方法

消费者手中。青年运动将引领公众意识到成因，推动立法领导人发展并施行理念，做出真正改变。同时，数据开始更加以人为本，让人们有权控制自己的个人数据如何被收集和分享。消费者开始意识到此类数据的真正价值，他们的要求也越来越多。展望未来，区块链技术将改变数据所有权，让消费者决定谁可以在线访问其信息，从而夺回控制权。

身份认同：*了解并表达自我及自己在社会中的位置。*

消费者摆脱种族、性别和性取向的刻板定义，兴起向更流动、自我选择的身份靠近的运动。然而随着运动发展，人们的孤独感和孤立感加剧，这反而令他们感到实际上正在失去自我。如今人们的联系比以往更多，但孤独感和孤立感却逐渐加深，并将于2030年达到"流行病"般的地步。预计公司、品牌、社会组织和政府将设计基于科技的解决方案，与之作战。随着身份认同发生改变，社交也会变化。未来，越来越多的人与志同道合、兴趣相投的"同类"生活在一起，而非家人。

价值：*从投资中获得有形且可以衡量的收益。*

我们处于过度消费和不可持续消费的时代。社交媒体"向上滑动（swipe up）"的文化使人们不断追求买得更多、买得更好。然而，随着气候变化成为现代社会一大攸关问题，消费者开始更仔细地审视自己的消费习惯。虽然消费者正寻

第四部分　营销力就是价值力

找更谨慎的消费方式，但他们也希望获得于他们而言是正宗、独特的产品。未来预计将出现向强调耐用性和功能性的慢速极简消费主义的转向。快速城市化将缩小家庭、办公室和共享环境的可用空间，要求消费者少买东西。

体验：寻找并探索刺激。

虽然对刺激的追求并非新鲜事，但它在消费者决策制定中所扮演的角色却有所发展。"体验"不应再被弱化为单纯的营销工具或一时狂热；恰恰相反，消费者正在和能够创造差异的品牌缔结有力的情感纽带。技术驱动体验，但不间断的连接也导致人们对线下交流的需求变得更加极端并且突破边界。展望未来，集体式体验将越来越流行。人们将开始重新定义自己作为个体希望获得的体验。这将包括无为放空，因为人们会更谨慎地决定如何使用自己的时间。

营销想象力

在过去，不同国家和地区的人们在产品和服务上都存在各自的偏好，而如今全世界各地的人们对于产品和服务的偏好都已经站在了世界的共同标准之上。一个标准化的全球性市场迅速形成。现代营销学的奠基人之一西奥多·莱维特认为，面对全球市场时，企业应该充分利用各个市场的相似点，针对这个相似点去发挥想象力，形成自己的独特性和差异

管理方法

化，使世界各地的人们都成为自己的顾客。

差异化就是以适当的方式对潜在客户做出富有想象力的响应，让这些客户有充分的理由渴望同这个供应商做生意。要有效实现产品的差异化，就必须清楚客户是受哪些东西驱使和吸引，必须清楚客户之间存在哪些差别，以及怎样根据那些差别把客户分成在商业上有意义的细分市场。

就像艺术创作没有标准的模式一样，也不会存在某个科学的商业模型可以让你一眼看到顾客心里想的是什么，为了弄清顾客所想，企业只能通过发挥想象力去深刻地理解消费者的行为，从而真正制订针对顾客需求的营销计划，而不只是自顾自地强调自己的产品有多好。

莱维特认为一切事物都能实现差异化，因为任何一个产品都可以分为四个层次：一般产品、期望产品、扩充产品和可能产品。在标准化的一般产品之外，企业可以在期望产品、扩充产品和可能产品这三种层次上实现差异化。一个企业或者一个行业需要提供的，不是生产表面上的产品，而是让顾客获得满足的过程。所有差异化都是为了能让顾客获得尽可能大的满足感。始终记住你的企业的目的是吸引和留住顾客，为了达到这个目的，尽量让你的产品在其他的层次上实现差异化，让你对顾客的承诺更丰满。

第四部分　营销力就是价值力

管理启示

营销想象力是企业取得成功的出发点，因为想象力能够帮助我们透过表象找到营销的内涵——人们购买的不是产品，而是解决问题的方案。

笔记27　创造营销

创造营销之路就是造梦之路，它是向消费者贩卖一种承诺，拥有了我的产品之后，你会变得更卓越、更有品位，变得更有格调，变得更有魅力，等等。

《华尔街之狼》中有一个很经典的桥段，莱昂纳多饰演的亿万富翁为了考验团队的销售才能，拿出一支笔，看谁的推销能打动他，一圈下来，没有一个人的台词让他有所触动，直到聚餐时他把笔递给他的得力干将布拉德时，布拉德没有走寻常路去介绍这支笔如何，而是对莱昂纳多说："来帮个忙，在纸巾上签个名给我。""我没有笔。"后面的成交就顺理成章了。

没错，营销的关键就是提供客户需要的东西。如果客户

管理方法

没有需求，就创造出需求。如把梳子卖给和尚，把音响卖给聋人，把灯具卖给盲人，把拐杖卖给正常人，把冰卖给因纽特人，这就是创造营销。尽管这有点天方夜谭，但有创造性思维就可以做到。

就以将木梳卖给和尚的经典故事为例。一家大公司要求面试的营销人员必须先通过一个任务考核：在3天内推销至少100把木梳给和尚，否则将被淘汰出局。3天时间很快就到了，其间有人望而却步落荒而逃；有人上门游说和尚"试用"木梳，却在饱受责难和追打之后败下阵来。然而，有一位李姓应聘者，一次性便推销了1000把木梳，并使木梳呈现出供不应求的势头。原来，他没有向一般的和尚直接推销木梳，而是换了潜在客户和推销对象，他不动声色地来到一家香火极旺的深山宝刹，对其住持说："凡来进香朝拜者，多有一颗虔诚之心，宝刹应有所馈赠以示纪念，保佑其平安吉祥，鼓励其多做善事。我正好有一批木梳，加上您超群的书法艺术，不妨刻上'积善梳'三字，这样的赠品一定受善男信女的垂青！"住持闻之大喜，立即决定买下1000把木梳制成"积善梳"广施"善缘"，果然，"积善梳"一炮打响，从此朝圣者更多，香火更旺，公司的木梳也出现了供不应求的态势。自然，李姓应聘者如愿以偿成为公司的正式营销人，而且还发展成为这家公司的副总裁。

第四部分　营销力就是价值力

创造营销的实质

创造营销的实质其实就是把人们潜意识的、模糊的、不清晰的需求有意识化、清晰化、明朗化和现实化，并通过市场营销加以满足。

亨利·福特有一句常常被人引用的名言：每当我问客户需要什么的时候，他们总是会说需要跑得更快的马。很多人在见到商品之前根本不知道自己的真实需求。创造营销就是一种互动的营销，是企业一方面向消费者学习，另一方面教育和培训消费者的过程。它并不是一种盲目的创造，而是在充分调研的基础上以目标消费者的需求心理为基础的创造，是在创造并借助有效的营销策略组合来启动一个潜在的、有较大利润空间的细分市场。

随着时代变迁，当人们完全不再为衣食住行等底层需求而发愁的时候，渐渐地就会萌芽出一种心理层面上的需求（正如马斯洛需求层次理论当中提到的）。这种需求会深深藏于人心深处，难于察觉，就连当事者也不清楚自己的下一个需求究竟会在哪。

也就是说这种需求会是即时的、突发的、不确定性的。

Kindle在被发明之前，人们是没有捧着个电子屏阅读的需求的，他们在阅读纸书时也应该没有想到会有这样一个迥异的产品，但是Kindle面世后，人们被其优异的阅读体

管理方法

验刷新了认知，就再也没有理由拒绝这款产品了，所以你能在地铁、在咖啡馆经常碰到沉溺于Kindle的用户。

在美团外卖投放市场之前，人们也是没有线上点餐需求的，就算有，但消费者自己也没有意识到。但美团这样做了，经过广泛的推广，点外卖的习惯逐渐被培养起来，商家+外卖平台+用户的生态也随之形成，这个过程也创造了巨大的消费链。

正如苹果创始人乔布斯所说，消费者并不知道自己需要什么，直到我们拿出自己的产品，他们就发现这是他们要的东西。

创造需求=激发潜在需求+满足潜在需求

一个好的品牌，首先应该满足生命之必需，这类品牌都在强调要找到用户的"痛点"、要做"刚需"，就是你的品牌一定要直面用户的问题。要么告诉用户，你的品牌能够帮他解决什么问题。要么提醒用户，你不买我，生活中就会面临什么问题。只有如此满足需求，才能让用户觉得有用、好用、爱用。

海尔集团前总裁张瑞敏一直信奉一句名言，好的公司是满足需求，伟大的公司是创造市场（需求）！SONY公司明显就属于后者。SONY是一个创造营销的范例，因为它成功地

第四部分 营销力就是价值力

导入了顾客还没有询问或甚至想到的许多新产品：随身听、录像机、摄像机、光碟机，等等。索尼的创始人盛田昭夫宣布：索尼不是服务于市场，索尼是创造市场。

随身听的发明，就是SONY公司基于消费者对更好地收听音乐的潜在欲望创造的需求，引领了需求。20世纪70年代末，盛田昭夫致力于项目的开发，他将革命人类听音乐的方式：一种可以携带的卡带播放机，他称之为随身听。公司的工程师坚持认为人们对这种产品的需求很小，但盛田昭夫不同意他们的观点。在随身听诞生20周年之时，索尼已几乎在100个不同的型号的随身听上销售了2.5亿多个产品。

创造营销是发现和解决顾客并没有提出要求，但他们会热情响应的产品。SONY就是做到了这点，首先它预告了消费者的基本需求是听音乐，但扩展出来的需求就是即时地听，因为音乐是一个很奇妙的东西，他能左右人们的情绪，所以随时听音乐，对随时控制自己的情绪有很大的作用，这就保证了，这个产品一定会受到消费者的拥戴。但在一个绝对正确的项目面前遇见团队成员的坚决反对，自己该怎么办！——迅速地找到自己的支持者，解释自己的项目，在他们的帮助下来做一些调查工作。结果，市场调查数据验证了盛田昭夫的推断，在有了支持者的情况下，工程师终于被说服！

管理方法

如何创造需求

创造营销我们可以这么理解：我们尽力满足的是用户已知的需求，试图创造的是用户未意识到的需求。前者是在已知范围内寻找最优解，后者是在未知中探索能满足欲望的其他可能。

三步创造需求：**洞察——定位——引导**

（1）用户洞察

由于用户需求往往是浮于最直观的解决方案，并不代表用户的真实需要，因此我们可以通过追问去触及对方的潜在欲求，或者分析用户的复合型需求，比如大量运动后有喝水的需求，但其实用户还消耗了能量，这就是功能性饮料的切入点。

（2）产品定位

经过与用户的互动和市场调查，梳理出用户需求背后的所有欲望层次，根据现有的条件和环境因素，基于产品定位，提出创造性的解决办法。比如传统音乐产业中，用户想要听音乐，CD机能满足需求，厂商之间通过音质的提升相互竞争。后来企业梳理出更多的听音乐场景需求，如上下班途中，这个时候，随身听就成了新需求。同样的道理，后来音质较差、却更轻便小巧的MP3变成新需求。

（3）营销引导

仅有创造是不够的，就连福特刚推出汽车时也没有受到

第四部分 营销力就是价值力

消费者青睐,甚至被人置疑它的可用性、安全性等。此时企业就要通过营销手段去引导用户的需求,解决信任问题。市场教育是一个必需的过程,很多新需求的创造可能消费者自己本身都没有意识到,要为消费者搭建一个合理的消费场景,去引导消费者形成使用习惯。

比如奥利奥通过"扭一扭,舔一舔,泡一泡"的使用习惯教育,跟牛奶组CP的强势绑定,创造了一种新的消费需求,牢牢地占据着行业内全球销量第一的宝座。

口香糖本来完全非日常必需品,但人的天性中又存在社交、认同、尊重等需要,于是绿箭就以"清新口气,你我更亲近"引导用户而让口香糖成为人们日常生活消费品。

等市面上几乎所有口香糖都关注同一个需求点时,益达又打出"无糖口香糖"这张牌,把关注点移到"关爱牙齿"并培养消费者对木糖醇的信任上,等取得用户信任并存在对口香糖的需求后,益达开始引导消费者的习惯:"吃完喝完嚼益达"。

凡是未曾有过的新功能或是新产品,都可以依循洞察——定位——引导的方法论去验证和创造新需求,若在任意环节没有验证和引导到位,就有可能沦落成"伪需求",无法建立可持续的商业运转模式。

管理方法

> **管理启示**
>
> 在用户需求和被满足不断地被推翻革新的时代，我们很容易陷入焦虑，当下比注意力经济更为稀缺的是理解"消费者欲言又止而未说出口的意图"，深入挖掘消费者的潜在性需求，并提出创造性的解决方式，是打造成功品牌的必经之路。我们不能只做需求的搬运工，更要做"看不见的需求"的创造者。

笔记28 打造极致用户体验

有形的商品，可以模仿，但无形的体验，往往是独一无二、难以再现的。给予消费者难以轻易获得的、独一无二的消费体验，才是消费者"忠实"于某个品牌的真正原因。

你是不是也有这样的感觉：用户变得越发难以取悦了。以餐饮行业为例，餐饮业面临的一个问题就是各家公司都做得很出色，以至于他们"惯坏了"自己的用户，麦当劳如此、海底捞亦如此。当你第一次去海底捞，一定会惊叹于他们家"变态级"的贴心服务。但是你会发现，后面你再多去几次，

第四部分 营销力就是价值力

那些原本让你感到贴心甚至超越你预期的体验,对于你来说,慢慢就已经变成一种常态的服务,一种理所当然,意思是来海底捞,这些都是基本的,是必须有的东西。

营销专家里吉斯·麦肯纳在其经典著作《真实时代》中强调,我们必须为一个"充满永不知足的用户的时代"做好准备。里吉斯正是乔布斯早期的商业启蒙者之一。

虽然用户"永不满足"已经成为一种常态,但正因为用户在持续改变着游戏规则,所以我们也必须不断提升自身。我们首先要做的还是改变心态,用一种"WOW标准"去创造极致用户体验。

WOW标准

何为"WOW标准"?就是必须让用户惊叹、激动,要让他们的体验尽可能地趋近于极致用户体验,否则我们就会丢掉生意!

美捷步是美国一家很有名的鞋类电子商务网站。它的公司文化非常独特。在美捷步,任何值得做的事情都值得抱着分享"WOW!"的心态去做。它的每位员工每天都在用自己的服务和努力给客户、同事、供应商及合作伙伴带去惊喜,让他们"WOW!"一下!

为了"WOW!"你必须使自己与众不同,这意味着要做

管理方法

一些超越传统的、创新的事情，打造极致的用户体验，让用户"WOW！"一下。

但要把体验做到极致并不简单，企业需要不断打磨产品，了解目标用户的心理，更要确定主流用户的主要场景，在主要场景下给他们最需要的，甚至有些他们自己都没想到的，也就是要超越他们的心理预期。

超越客户预期

判断什么是好的或者优秀的用户体验，其实并不难！标准就是一条：超出用户预期，否则无法和竞争者拉开差距，在客户心中确立自己的地位。从这个意义上说，**商业的本质就是经营客户预期**。

海底捞火锅的服务、三只松鼠的开箱体验、今日头条的算法推荐都是超越顾客预期的惊喜的典范。就是顾客在想的时候，他们已经用实际行动做到了。

心理学研究发现，人类的感觉系统在感受两种刺激的差别时会存在差别感受阈限，所以顾客的预期满足程度也有最小可满足程度，在数学上讲就是客户预期满足程度并非连续函数值，而是一组离散值。

简单来说，顾客的预期会有所提升，但这个提升的过程不是一蹴而就的，往往需要一点一点像攀登台阶一样慢慢提高,由此可见,不是客户永不满足,而是企业的服务水准不应该设"上限"!

想要超越客户的预期,我们可以从以下三个方面入手:

(1)从心底希望顾客高兴

巴菲特有一句话我非常认同,他说,我见过太多的生意,但我从没见过一个让顾客喜欢的生意最终是不成功的。客户也许会忘了你的产品价格,但他不会忘记在购买的时候是如何被对待的,不会忘记购买商品时的良好体验,或糟糕的体验。

(2)多维、多点轮流发力,综合地超越客户预期

企业可以同时选择多个维度来超越顾客的预期,这样多维度轮流发力,可以极大程度上减少顾客价值感知边际递减、企业投入边际递增的问题。除此之外,这还能避免被同行模仿,出现同质化现象。

对于企业来说,它不仅要关注顾客在功能方面的需求预期,同时还要注重人性需求。以餐馆消费为例,假如顾客听朋友说某餐馆有打折活动,结账时才发现打折活动已于前两天结束了。这个时候,聪明的店家会为顾客献上价值35元的果盘,与此同时还赠送顾客25元的优惠券,如此一来,在顾客的心里,这种方案要远比他预期的95折划算很多,已经远超出了自己的预期。而对店家来说,他们还能通过25

管理方法

元的优惠券锁定当前顾客为回头客,提高了一次复购机会。由此可见,多点、多维地超出客户预期要比单一维度更加有吸引力。

(3) 极致优化"峰""终"体验

心理学上有一个"峰终定律":每一个人的记忆深处都可能有无法忘怀的记忆,并且随着时间的推移,更加清晰,这就是"峰值体验"的表现。

这一心理学定律也可以运用到提升顾客体验与满意度的过程之中。"峰终定律"的运用,就是将顾客与产品接触的每个环节的体验记忆强化,一般而言,影响顾客消费行为的除了"峰点"(峰值时刻),即最好或者最坏的时刻之外,顾客结尾的体验也会影响消费行为,这两个方面共同决定了顾客对产品的评价。因此,一个产品或服务的体验环节,在设计中除了考虑要让顾客体验到更为深刻且舒适的良好体验,还要降低负面感受出现的频次,从而让顾客对产品形成一个好的印象与高评价,最终选择购买产品。

宜家设计购物路线采用的就是"峰终定律"。其"峰点"的设计有物美价廉的挂钟、温馨舒适的休息沙发、高效美观的展区、美味可口的小食等。其设计的"终"体验包括出口处的 1 元冰淇淋等,这让顾客在美食享受中忘却消费过程之中的一些糟糕的感受与体验,如:店内的服务人员较少,使

第四部分 营销力就是价值力

顾客人无法获得及时的招待；商场设计复杂，时常让顾客晕头转向；结账排队需要花费大量的时间等。但其通过打造"峰"与"终"的优质体验，让顾客获得惊喜感，顾客从对宜家缺点的不满之中走出来，弱化了顾客对负面感受的印象。

管理启示

超预期经营是一种主动防御战，在这个时代，超越预期才能赢得最终的胜利，只有为消费者带来意想不到的惊喜，才能搭建起可持续发展的"护城河"，避免恶性竞争，实现质的突破。

笔记29 把公司做小，把客户做大

面对竞争激烈的市场，企业要做的不是把自己变得更壮更庞大，相反，企业要学会放下包袱，轻装上阵，或许这才是更好的获胜之道。

贪大求全是很多企业普遍存在的问题，原因就在于寻找各种机会，能做就做，什么赚钱做什么。殊不知，随着市场

管理方法

竞争加剧，成长空间与先发优势殆尽，企业就会开始走下坡路，这是目前很多企业面临的困境。

由"全"到"专"的策略转变

有一家大型的央企集团有3000家子公司，但它90%的利润来自两个金融方面的企业：银行与证券。集团的领导懊恼地说，如果当年公司能够像万科那样勇于舍弃，专门做强房地产和金融两大行业，到今天一定能成为最盈利的公司。但因为当初的集团领导人总是感觉其所经营的各个行业的发展前景都不错，看看哪个也舍不得放手，才有了现在的懊悔无及。

在当前的市场环境里，老板要学会把企业做小、做轻。把企业做小、做轻，可以聚焦能量，在自身擅长的领域实现长远发展和突破；以客户和市场为导向，可以让企业摆脱成本经营和价格竞争的困境，并在自己擅长的领域坚定不移地钻研下去。

如何才能把公司做小、做轻？

1. 重人才、轻资产

许多老板宁愿出1000万买一台机器堆在厂房里，也不愿每年出点钱请专家顾问。这就是患上了典型的"重资产、轻人才"的"重病"。而且，很多企业喜欢用听话的员工，因为他们合老板胃口，而真正有能力的人才往往被逼走。在企业发展过程中，老板要克服这种"资产情结"，及时处理掉不符合公司发展方向的资产，采用轻资产进行经营，逐步提升资产的利用率，同时也要加强员工价值分析，而不是凭个人喜好判断员工的好坏。

2. 重效率、轻规模

现今很多人看公司行不行，首先要看公司规模大小。其实，未来大多企业必定是小规模的，但小规模企业要想生存就必定在效率上比大公司高才行，不然只能被大企业淘汰掉。如果你的服务做得比大公司好一点，速度快一点，价格低一点，包装美一点，使用便利一点，更人性化一点，只有这样，你即使作为小公司也能生存得很好。

3. 重客户、轻销量

要获得一个强有力的竞争地位，就应该将自己产品的最高价值展现出来，而不是跟风去打价格战，要在价值上竞争。为客户提供整体解决方案，而不仅仅是方案中你那一部分，要清楚明白企业经营的目的，到底是基于成本考虑还是基于价值考虑。

4. 重市场、轻生产

曾经产品质量高于一切，这是生产观念时代的思维产

管理方法

物。当今时代,产品的质量差距越来越小,企业的命根不在生产而在于市场,在于客户。可惜的是,国内的很多企业都缺乏专门研究市场和行业的专业人才,上哪一种产品完全凭老板个人经验和直觉。企业到了一定规模必须以市场和客户为导向,这样才能保持长效的竞争力。

与其草率扩张,不如先做好以下10件事

不要急于扩大你的公司规模,否则这可能会引起随之而来的严重问题,尤其是在人力资源和会计部门。

青年企业家协会(YEC)是一个由世界上最有前途的青年企业家组成的邀请组织。其中的10位青年企业家,分享了他们在扩大公司之前的独家经验并提出了最佳建议。

1. 花钱雇最好的人力

不管你是卖产品还是卖服务,在迅速扩张的过程中控制质量不容易。在Pandemic Labs,我们的代理业务和软件平台都对此有所体验。我们通过我们的员工解决问题。当你的业务沿着平稳的管理方向发展时,你可能会以4万美元的价格雇用一名员工而忽视了在这个职位上花9万美元的价值。但是这其中有着重要缘由,你将会在业务迅速扩张时发现这一点。

一流的人员成本更高,但是他们会和你一同稳步推动公

第四部分 营销力就是价值力

司进步，而其他公司可能会毁在他们自己的发展速度上。雇用一流人力，在初期虽然贵，但是一流的团队能控制公司这节火车在运行中不脱轨。

——马特·彼得斯，Pandemic Labs

2. 懂得怎样为客户提供十倍的服务

新兴公司在扩张业务时易犯的最大错误就是搞不懂支持10个与100个客户之间的区别。作为企业家，在企业发展过程中要规划一切所需资源。预测你的每一项主要资源（例如员工、战略领导、基础设施）需要怎样扩张。Yodle就扩张得很成功，因为我们充分为企业成长的每一恰当环节作了谨慎计划后的投资。我们以此实现了增速控制，这也是控制额外成本和资源的最佳方式。

——约翰·贝尔科维奇，Yodle

3. 首先建立体系

我的公司RewardMe是针对餐馆和零售商的数字化服务平台。因而我们的成功取决于我们尽可能多地抓取市场份额的能力。我们最早的100位客户位于加利福尼亚北部，那时起我们就有了扩张的准备：在全国范围内雇用销售人员并尽快落实。不过我们最明智的决定就是在所有体系和训练指南到位前推迟扩张的计划。当你雇了人员准备扩大销售份额时，一切都必须面面俱到：他们必须清楚地明白应该怎样拉

管理方法

客、完成一桩交易需要多久、产品应该卖什么价及落实过程中错综复杂的细节。在客户收购的任何一方面落到实处前不要扩大公司。

——军·洛埃扎，Passport Peru

4. 草率扩张带来的致命错误

有关这点毫无疑问——新兴公司提供了检验电子科技与系统工程知识的众多机会。我的工程师朋友们常常对Google、Amazon和Netflix等公司需要处理分析和提供的数据量而感到震惊。问题出在这里：这种机遇不对创业初期的新兴公司打开大门，因为顾名思义，它们没有用户或者客户。在早期为"扩大"公司而发愁只是单纯的错误投资。你可能甚至还没发现值得推广的产品或市场。新兴公司创立者必须在建立应用程序蓝本时开发技术。然后再考虑扩张的事。

——安德鲁·蒙特兰提

5. 聆听你的客户

衡量扩大公司的最好标志之一就是客户满意度。如果你的客户感到满意，你就能如己所愿地扩大公司。通常情况下，当某些地方出现问题或者公司人手不足时，你的客户就会告诉你！当我们在第一年奋力推广7型标记时，我的兄弟兼业务伙伴留下来管理他的Gmail账户里客户支持。身为大学毕业生和垒球队新人，他每周工作50到60小时。我们知道必须作出些改变，当时我们正好找来了全职的客户支持人员。斯考特在全力以赴的同时，我知道客户也越来越不满。从那以后，我能做到平衡斯考特的能力，我们的业务也变得前所未有的强大。

——布瑞恩·莫兰，Get 10,000 Fans

6. 一次只骑一匹马

我们一旦开始出售业务便会迅速扩张，检验新的服务流程与推出新品牌看似顺理成章。然而，我们在不熟悉的领域里缩手缩脚，以失败告终。我们的核心业务遭到重创，新的倡议也不起作用。我给的建议是：在扩张前先立足于你置身的领域。确信自己有强大的体系和收入来源。进行市场检测并缓慢扩大业务，以保证每一步都稳定坚固和充满凝聚力。如果你想一次骑一匹以上的马，你注定要摔下来。

——尼克·弗里德曼，College Hunks Hauling Junk

7. 精挑细选，缓慢打开市场

我们一年前推出 SaberBlast.com 时，公司增长的速度太快了以至于我们无法跟上需求。我们的客户会通过我们网站发送订阅人数 3 万或者超过 10 万的新闻信，一方面服务器会爆掉，另一方面产生的信息堵塞将给我们带来致命的后果。情况十分窘迫。随着近期服务的再次推出，我们不仅升级了技术，也升级了自己对待客户的方式。其实我们有申请

管理方法

流程和等待过程。然后我们每月开设若干新区域并邮件通知等候名单上的客户，告知他们可以签订合同的事项。通过这样控制数量与挑选客户，我们能够控制以牺牲服务质量而过度扩张业务的风险。

——马太·埃克森，Saber Blast

8. 注重资金流动

过速扩张带来的最危险的问题莫过于资金流动。我在19岁二次创业时经历过这一风险。开头几年里，我们几乎把100万美元都用来填补收入损失，但是一旦我们有了更大的客户，他们要求更好的付款条件。错失大客户的付款将会损失惨重，这也恰好发生了。资金流动是业务扩张的根本。大多数企业家都费了一番苦功才学到这一点，这个话题无疑需要另外讨论。

——彼得·阮，Literati Institute

9. 估算涨势，然后一分为二

我们乐于幻想增长爆发和我们产品或服务需求旺盛的同时，我们的热情可能也会扭曲有关未来规划的现实。如果你能估算出未来12个月里的收益，将得数除以二，接着用差不多的数字规划你的资源和开支。举个例子，我满怀期待地基于参与人数为新的体育业务（我们经营成人娱乐联盟）订购了2000件运动衫。开张那天出现了75人，结果一整年我

第四部分　营销力就是价值力

都不知道是要做体育业务还是尽卖运动衫了。放低你的期望值并向外界寻求公平公正的估算帮助。卖光库存从来不是什么坏事，它反而促进了需求。

——史蒂文·斯特利，Playbook Community

案例解析

1. 华为——缩小经营单位，打"班长的战争"

在华为的组织变革上，任正非提出，简化组织管理，让组织更轻更灵活，是我们未来组织的奋斗目标。华为将从中央集权变成小单位作战，通过现代化的小单位作战部队，在前方去发现战略机会，再迅速向后方请求强大火力，用现代化手段实施精准打击，这就是"班长的战争"。

缩小作战单元，让前方听得见炮火的人指挥战争，提升一线的综合作战能力，五年以内逐步实现"让前方来呼唤炮火"。为实现这种改革，华为开始建立子公司董事会，把企业的一些重大经营决策权下放到子公司董事会。

子公司董事会有一项重要的职责，就是代表资本方实现对经营者的监督。在强调"班长的战争"的同时，我们既要及时放权，把指挥权交给一线，又要防止一线的人乱打仗，所以监控机制要跟上。

管理方法

2. 韩都衣舍——"小组制"自主经营体模式

韩都衣舍目前共有 280 个产品小组，每个小组由 1—3 名成员组成，负责产品选款、页面制作、库存管理，目前 28 个品牌都是分裂出来的！

A. 定位：将企业定位于基于互联网的多品牌运营集团，本质上其实是一个平台公司，而不仅仅是某个已经被限定了的产品公司；突出"人人都是经营者"：

①实现全员参与的经营；

②以核算作为衡量员工贡献的重要指标，培养员工的目标意识；

③实行高度透明的经营；

④自上而下和自下而上的整合；

⑤培养领导人（独立经营单元）。

B. 实操：以产品小组为核心的单品全程运营体系（韩都衣舍的运营核心），以产品小组为核心，对接公司的所有业务部门（如企划、仓库、销售部），产品小组的最基本构成及运行规则：

一、组织

设计师（选款师）、页面制作专员、库存管理专员责任：确定销售任务指标（销售额、毛利率、库存周转）

二、权利

1）确定款式、尺码及库存深度

2）确定基准销售价格（公司确定最低价格基线）

3）确定参加哪些活动、确定打折节奏和深度

三、利益

1）按毛利润提成，销售额完成率、库存周转系数，小组内提成分配，由组长负责分配；

2）每日销售排名；

3）新小组向原小组贡献培养度（组织裂变，6个月可以享受10%的新裂变小组收益）；

4）实现产品小组更新自动化。

管理启示

21世纪，做"大而全"的企业难以获得优势，"小而精"的公司反而容易形成核心竞争力。"轻公司"里的员工可能分布在全国，甚至世界各地，利用互联网实现soho的办公方式，公司的运营成本降到最低。在产业链不断细分的时代，能够专注于自己的核心能力，并与产业链上下游企业结成合作关系的企业，将获得远比自己独立经营大得多的能量。

管理方法

笔记 30　飞轮效应

我们无法控制和预测生活中的每一件事，但如果你相信生命是一连串的牌局，而你永不放弃，用你最大的能力，面对每一张牌，不论牌的好坏，那便会带来最好的叠加效应。

——吉姆·柯林斯

在商业领域，我们常常可以看到这样一种现象：很多公司起步时都差不多，到了后来，强者恒强，弱者愈弱，有些很快就被淘汰。比如在 BtoC 电商领域，刚开始有苏宁易购、一号店、易迅等多家公司，后来却只剩下京东、唯品会等少数几家公司，剩下的企业越跑越快。

为什么起初大家看起来都差不多，慢慢地有差异，越往后差距就越大，有些企业进步缓慢甚至原地踏步，而有些则发展得越来越快呢？

美国著名管理学家、《基业长青》的作者吉姆·柯林斯在《飞轮效应》中给出了答案：那些成功的企业开启了自己的飞轮效应，即增强回路。

我们先来看看什么是"飞轮效应"：为了使静止的飞轮转动起来，一开始你必须使很大的力气，一圈一圈反复地推，每转一圈都很费力，但是每一圈的努力都不会白费，飞轮会

第四部分 营销力就是价值力

转动得越来越快。当达到临界点的时候,飞轮的重力和冲力会转化为推动力,这时不用花太多力气,飞轮也会自动高速地运转起来。

什么是增强回路?增强回路就是几个因素组成一个相互促进的循环系统,也就是我们常说的良性循环,即**因增强果,果反过来又增强因,形成回路,像飞轮一样一圈一圈循环增强,就是"增强回路"**。

飞轮效应的动力机制,就是构建了一个增强回路,因为各要素之间是相互强化的,就如同一个飞轮,然后持续推动这个飞轮,因为速度是可以叠加的,会获得一个加速度,最终获得指数级增长。

为了理解这个概念,我们可以拿柯林斯本人来举例,柯林斯从写下第一本让他成名的著作《基业长青》开始,一直在推动他的飞轮,后面又写下了《从优秀到卓越》《选择卓越》《再造卓越》《飞轮效应》,几乎每一本都耳熟能详。他的飞轮也越转越快。

我们常说的复利效应,就是一个最简单的飞轮:构成飞轮的两个因素就是本金和利息,利息增加本金,本金又增加利息,如此循环,相互强化。

"亚马逊飞轮"就是飞轮效应在商业领域最成功的案例之一。其电商业务飞轮是由这样几个要素构成:客户体验、

管理方法

客户流量、卖家、低成本结构、更低价格、商品选择。亚马逊从最推崇的客户体验开始发力，客户体验的提升，会促进流量和购买量的增长；更多的购买量，又提高了采购能力，可以降低价格，同时吸引更多卖家入驻；更低的价格；更多的商品选择，又会推动客户体验的提升。就这样，这几个要素形成了一个"增强回路"，互相推动，形成正向循环。正是凭借飞轮效应，亚马逊的业务一直保持着高速增长。

飞轮效应的启示

"飞轮效应"给我们至少两个启示：

1. 成长的累加非常关键

"飞轮效应"用来形容一件事情，刚开始比较费劲，发展比较慢，但只要方法正确，持续推动，事情的发展速度就会越来越快，越来越省力。飞轮效应之所以能产生巨大的威力，是因为飞轮效应所产生的增长是指数级增长，刚开始缓慢，因为发展的优势可以累加，到后来就会加速增长。所以飞轮才会越来越快，越来越省力。

那些成功的公司和个人都非常注重积累，今天的成就会成为明天的起点，如此反复。

企业口碑需要积累，行业经验需要积累。刚开始的时候，轮子是静止的,你要费九牛二虎之力,才能让飞轮移动一丁点。你继续使劲推,两圈、三圈、四圈、五圈……轮子越来越快,越来越快,最后,你只要用很少的力气,轮子就可以转得飞快了。

2. 长期主义,是飞轮形成的关键

当企业找到了飞轮的着力点,驱动力,最重要的是坚持下去,不断打磨!

做一件事就如同推动一个飞轮,推动飞轮需要一个持续的过程,没有人能一蹴而就,这个过程需要耐心。

吉姆·柯林斯调查了1435家大企业,经过调查、比较、研究,他发现:从优秀到卓越的转变从来都不是一蹴而就的,一定是不断推动一个沉重的巨轮,一圈圈旋转,最终产生突破,飞轮快速旋转,实现了从优秀到卓越的转变。

吉姆·柯林斯本身也经营企业,曾是克罗格公司的总裁,他曾运用他的飞轮效应让公司的5万员工接受他的改革方案。在这个过程中,他没有试图一蹴而就,也没有打算用煽情的演讲来打动员工。他的做法是组建了一个高效的团队来"慢慢地但坚持不懈地转动飞轮"——用实实在在的业绩来证明他的方案是可行的,也是会带来效益的。员工看到了吉姆的成绩,越来越多的人对改革充满信心,他们以实实在在的行动为改革做贡献,到了某一时刻,公司这个飞轮就基本

管理方法

上能自己转动了。

在你看来好像很容易成功的人,其实已经默默地推动自己的飞轮很久了。樊登在创建樊登读书会之前,就是中央广播电视总台资深主持人,罗振宇在创办罗辑思维时,本来就是中央广播电视总台的节目策划人。

如何构造飞轮

那么作为企业,我们应该如何构造自己的飞轮,实现永续经营呢?柯林斯在《飞轮效应》中提出了构造飞轮的七步法:

第一步,列举出你的企业已经实现的、重大的、可复制的成功,包括远超预期的创举和新产品。

第二步,列举出你的企业经历过的失败,包括公司那些远没实现预期或彻底失败的举措和产品。

第三步,对比成功与失败的案例,并思考从这些经验与教训中我们能发现哪些可以组成飞轮的构件。

第四步,利用你发现的飞轮构件(4~6个),草拟出一个飞轮。首先要确定飞轮始于何处,也就是飞轮循环转动中最重要的部分,再构思接下来依次是什么。你必须能解释构件之间的逻辑顺序,并据此描绘出回归循环到顶部的路径。同时,你还必须能解释清楚这个闭环是如何自驱加速的。

第四部分　营销力就是价值力

第五步，如果构件超过6个，飞轮就会过于复杂，要通过巩固并简化构件才能抓住飞轮的本质。

第六步，用你的成功清单和失败清单检验飞轮。你的实际经验是否可以验证它？你需要不断地调整飞轮结构，直到它既能将你最关键的、可复制的成功显而易见地呈现出来，也能将最重大的失败和最明显的痛点清晰地暴露出来。

第七步，根据刺猬理论（三环理论）来检验飞轮。这一理论来自对以下三环交叉部分的深刻理解。

（1）你对什么充满热情？

（2）你能在什么方面成为世界上最优秀的？

（3）是什么驱动你的经济引擎？

即飞轮与你的热情是否匹配，尤其与企业的长期目标和核心理念是否匹配？飞轮是否建立在你能达到顶尖水平的能力优势之上？飞轮是否能驱动你的经济引擎？

通过这七个步骤，来确认你的飞轮引擎，即业务着力点。因为即使形成了闭环的飞轮，其实它并不是随意选择任何一个点开始发力，都能高效推动的。必须在热情与最大优势的交叉中找到一个着力点。找到那些企业已经实现的、可复制的成功，如果没有，那就从失败过的经历中尝试总结找出"可能成功"的增长因素。

管理方法

管理启示

"飞轮效应"这一原理告诉我们,作为公司的领路者,面前只有两条路:增强回路和调节回路。虽然必须付出艰巨的努力才能使你的事业之轮转动起来,而一旦你的事业走上平稳发展的快车道之后,一切都会好起来。万事开头难,努力再努力,光明就在前头。持续地改善和提升绩效中蕴藏了巨大的力量。指出实际的成就——尽管最初还在逐步累积的阶段,然后说明这些步骤如何呼应具体可行的经营理念。当你这么做的时候,其他人逐步了解并察觉公司正在加速向前冲,他们因此也会团结一致,热情支持。

笔记 31　管理者要学会用价格锚点

商品的价值是"相对存在的",这件商品到底值不值这么多钱?这个定价到底实惠与否?都需要在客户的认知通道里建立一个可供参照的标准。

假设当你有 A、B 两款热水器要销售时,A 的价格比 B 高,你想主推 A 产品,却发现销量并不高时,你可以考虑引进性能和 A 接近但是价格更高的 C 产品。这样三者对比，人们会更多选择价格适中的 A，心理会过滤掉极端的选项。这样，B、C 的价格都成为了"价格锚点"。

何为价格锚点？

争取用户的认知通道，就是所谓的锚点。而所谓价格锚点，就是在用户的认知通道里建立商品价格的对比标杆，相当于一个基准线，它直接影响着购买者对于价值的判断，这背后是"锚定效应"在起作用。

锚定效应指的是，人们对于很多事物的判断，容易受到第一印象或者第一信息的支配。心理学中，我们将这样的现象称为"沉锚效应"，或者"锚定效应"，就像沉入海底的锚一样，将人们的思想固定在一个地方。

很多产品的竞争，本质上都是在争夺锚点。因为面对各种各样的需求，用户的认知通道是有限的。每个通道里只能容纳有限的产品。一旦认知通道被某个产品占据，用户的获取成本就会低很多，迁移的成本则相应会高很多。

建立锚点的 3 个关键

利用价格锚点的前提，是我们要理解"锚点"，我们可以从以下 3 个关键点来考虑。

管理方法

1. 在场景下建立锚点

没有一款产品能满足所有用户的需求，关键是找到预期一致、需求匹配度更高的群体。与其说我们竞争的是一些具体的功能和服务，不如说是竞争成为用户在想到某些场景时的锚点。竖起一面旗帜，让目标群体的用户可以看到、想到，不断累积，是很多成功产品的第一步。功能是可以复制的，但是这面旗帜如果插牢固了，就会形成壁垒。

形成锚点，时间的先后是关键因素之一。这里的先发优势非常明显。一旦用户先接受了某个产品，你的产品再出现时，用户会思考你的产品和之前的产品有什么不同。如果没有特别大的不同，用户就很难跳出自己的惯性。

比如王老吉最先提出了"（夏天、吃火锅）降火"的场景，就具有了先发优势，后面再推出此类场景的产品很难形成竞争力。所以说先声夺人，在一个新的领域尽早建立锚点，会获得比较多的优势。

所以，建立锚点首先要有真正好的产品，另外就是足够的传播和宣传，无论是投放广告，还是凭借产品自身的机制或者口碑传播，重要的都是要尽早让用户知道。

2. 锚点的延伸与扩张

产品的锚点一旦形成，还要让它具备另外一个功能，就是在适当的时候，扩展锚点的范围，让用户想到这个产品时，能自动关联到别的使用场景。

例如运动衣，我们以前只考虑到运动的场景，所以功能样式都比较单一，后面随着运动成为一种生活方式，我们在设计中考虑到了社交、防风、防雨等更多场景，因而样式也更丰富了起来。还有一些产品的锚点本身就比较宽泛，适应面比较广，例如美团，在线下和线上结合的领域，存在很多锚点或者潜在的锚点，很多服务和内容放到里面都不奇怪。

锚点的形成需要一个过程。我们经常能听到产品的开发者说，我们不希望被认为是某类的产品，我们其实是要做另一类的产品。所以我们往往在很早的时候就要开始在内部和外部铺垫，从内容的定位、氛围到品牌的宣传，让用户能够逐步适应。很多产品在早期就会考虑到创造合适的锚点，避免用户的认知和产品自身的不一致。

3. 价格锚点

消费者对商品价格不确定时，会用到两个判断商品价格是否合适的原则：一是避免极端，二是权衡对比。消费者无法判断价格时，会找一些自认为差不多的商品去做对比，比如同类产品中热销的产品价格趋势，或者不同类商品的关联对比，以便让自己有个衡量标准。

因此我们在提供商品或者套餐供选择时，有一些价格很高，有一些则适中。这些价格很高的商品，买的人可能很少，

管理方法

但是它与其他商品形成了对比,让其他商品看起来没那么贵。通过设计,同样的事物,可以让用户产生不一样的结论,达到商家想要的用户认知效果。

在产品内部,为用户提供不同的参照物,或者利用用户原有的认知差异,都可以帮助我们更好地影响用户的认知行为。

管理启示

消费者其实并不真的是为商品的成本付费,他是为商品的价值感而付费。价格锚点的逻辑,就是在用户的认知通道里建立一个可对比的价格感知。因为用户的认知能够被以合适的方式影响,即使是看起来非常明确量化的事物。

我们要做的是在可联想的场景下建立锚点,明确用户想到什么情况下会想到我们的产品,也要把握锚点的延伸与扩张,匹配更多相关场景。针对用户想到我们的产品时会想到什么,你可以试试做这些事:

首先,在匹配度高的场景下建立锚点,竖起一面旗帜,让有共同需求的用户看到,沉淀内容、服务和用户。同时,尽早地抢占先机,通过媒体、产品自身的机制等方式,让用户早点知道,或者先建立初步的印象,把用户的认知通道争取过来。

其次,锚点与客户形成互动,根据需求的变化和市场环境的改变，升级、扩张产品的场景。

最后，思考价格锚点。不同的参照物，会带给用户不同的心理感受。用户认为便宜或者贵，往往也是相对的。适当地用好价格锚点，能够更好地促进销售，或者在同样的成本之下，让用户获得更多的心理满足感。

第五部分　内外兼修的领导力

员工除了需要领导者提供外部的资源、政策、行动支持，更需要其提供内在的价值感、信心和相关的情绪支持，这是一个硬币的两面，不可分割。

笔记32　共情管理：每个人都渴望快乐地工作

成功依赖于企业激发所有员工积极性、想象力和热情的能力。只有所有员工全身心地与他们的工作、他们的公司和公司的使命联结在一起，才能实现这一点。

——加里·哈默

你知道吗，当今世界正在面临着一场领导力危机。在美国，有88%的员工每天回家时都觉得自己为一个不倾听或不关心他们的组织工作。

在这场领导力危机引起的诸多问题中，倦怠是其中最大

管理方法

的问题之一。根据美国智睿咨询有限责任公司2023年的"全球领导力展望"调研，承认员工的倦怠现象有所增加的领导者比三年前多出了一成。有许多领导者表示，员工的倦怠问题是他们在管理中最缺乏准备的一项挑战。只有15%的领导者觉得已经为此做好充足准备。这也意味着，组织需要给领导者提供这方面的帮助。

组织该如何预防倦怠？管理学家的首要建议就是——开发和强化共情技能。他们认为，共情能力在防止员工倦怠方面能起到至关重要的作用，因为这能在领导者与团队之间建立双向沟通渠道，形成双方的相互尊重和信任。同理心强的领导者可以经过深思熟虑，对现状和员工的情绪进行响应，消除负面的情绪，认可积极的情绪。

在那些在防止倦怠方面准备得最充分的公司中，同理心被视为最重要的领导力技能。所以，组织有必要在领导力开发培训中提供共情的相关课程。

何为共情管理？

从1997年开始，作为一家价值17亿美元、具有百年历史的制造业公司和拥有1.1万名员工的企业百威勒集团主席兼首席执行官，鲍勃·查普曼开始痴迷于创造一种截然不同的领导方式，他和管理团队设想了一种新的企业文化——一种以人为本、共情的文化，在这种文化中，真正的成功是通过我们影响人们生活的方式来衡量的。

通过《共情：觉醒商业的管理》这本书，鲍勃·查普曼记录了自己寻找自己真正使命的过程，并深入团队通过关怀、共情和激励来应对现实世界的挑战。在对待人才上，鲍勃的一贯做法是：我不是要得到最好的东西，而要让手下的人尽可能做到最好。

经过8年的努力，鲍勃·查普曼通过共情文化，把他们收购的亏损、濒临破产、未来几乎没有希望的一家造纸机械公司，变成了一家没有任何裁员、市场份额不断扩张和开发新产品的公司，他已成为一个真正的人性领导力的典范。与强劲的经济复苏相比，员工的情绪显著回升更加引人注目。他们不再担心每天上班时又接到裁员的消息，也不再每天筋疲力尽、垂头丧气地下班回家。他们不再觉得工作毫无意义，并开始分享他们的天赋和才能，为共同的未来而努力。

共情管理的核心：追求快乐，比业绩重要

在向我咨询过的客户中，我发现一个共性，凡是那些业绩还不错的公司，团队员工的氛围也比较快乐。因为快乐的情绪和消极的情绪一样，都是会传染的，如果在员工之间营造出了那种发自内心的幸福快乐的氛围，那么顾客们也能感

管理方法

受到,由此,他们也会更愿意再来光顾,并带来更多新的顾客。

鲍勃·查普曼说,他一开始也是把利润看得比人重要的领导者,总是只考虑成本,从不关心别人。最终,他意识到追求快乐,比任何数字都更有价值。

有一则叫《被锁住的大象》的寓言,讲的是动物园里的大象常年被锁链捆住不得脱身,那么庞大的身躯却困于细细的锁链之中,听起来匪夷所思。但凡它们稍微尝试,用点力就可以轻松挣脱那些枷锁,恢复自由身,但它们为什么没有做到呢?那是因为它们从小就戴着这些锁链,这在它们心中形成了一种固化的潜意识:自己是不可能打破这些枷锁的。

那些死气沉沉、闷闷不乐的团队,像不像被套上了枷锁的大象?杰斐逊钦佩的作家劳伦斯·斯特恩曾写道:人类最大的追求是追求幸福,这是他们天性中第一个也是最强烈的愿望。

只有人类最本质的追求,即对幸福快乐的需求得到满足后,才能谈创造。快乐让人富有成效。

如同日本历史悠久的葛饼店——"船桥屋"第八代掌门人渡边雅司所说:快乐不是努力工作的成果,但会创造成果。幸福工作,首先需要每个人热爱自己的工作,是能够进入心流状态的全神贯注,不仅高效而且高质;其次尊重每个人的时间,尽量不打断别人的工作状态,创造更自由的环境,更自由的工作位置，鼓励更快速进入工作状态。管理者应能够明确分工和配合进度，让每个人都处于合理的工作技能和目标挑战性的平衡点，不断根据工作技能与挑战性的搭配象限来调整每个人的工作状态。

"船桥屋"也是采用共情管理展开运营的典范。渡边雅司认为，那种"头悬梁，锥刺股"咬紧牙关工作的方式已经过时了，通过努力追求成果，这样的工作方式已经与这个时代不相符了。当然，这也并不是说让员工玩得开心就可以，而是要让员工以快乐为目的，帮助他们轻松工作的同时追求自己的成果。

如何让员工感到快乐？

怎样才能让员工感到快乐，并让他们得到足够的成长？只有在快乐的环境里工作，员工才能始终保持良好的心情。因此，领导者应该为下属设计具有人性关怀的工作流程，使下属感受到企业对他们的关怀。

美国知名企业H.J.亨氏公司之所以能够成功，很大一部分原因就在于它的创办人亨利非常重视员工的工作环境，时刻不忘给员工营造一种快乐的工作氛围，让员工在工作中充满快乐，因此员工个个干劲十足，公司效率不断提升。后来亨氏公司发展成为有世界级影响的超级食品公司，它的分

管理方法

公司和食品工厂遍及世界各地,年销售额在60亿美元以上。

心理学家阿尔弗雷德·阿德勒总结出了人们感到快乐的三个条件:

①自我接纳:这并不是让人们去隐藏自己的厌恶情绪,强行进行积极的自我肯定,而是接纳自己不喜欢的部分,以"这样就挺好"的心态去承认它们。

②他者信赖:只要能做到自我接纳,自然也会接纳别人。他者信赖是团队合作的基础。

③他者贡献:人是无法单纯靠自己生存下去的。正因如此,当人们看到有人遇到困难时,总会不自觉地伸出援手。反过来,被帮助的人也会被感染,乐于去帮助别人,形成一种良好的互动氛围。当人们感觉到自己对他人有用或者能为社会做贡献时,就会感到快乐。

当一个团队的成员都满足自我接纳、他者信赖、他者贡献这三个条件时就会产生"共同体感觉",这个时候,领导者应该设计一些良好的娱乐活动,使下属在快乐中获得企业认同感,增进同事之间的关系。只要公司确立了共同的目标,成员之间就会互相团结和帮助,共同达成目标。

如何提升共情力?

管理学家和心理学家已经发现了很多培养共情能力的方

法，包括在乐队担任乐手或多读些小说，但最有效的办法之一是与人交谈。

沟通与人性问题专家、美国知名主持人西莱斯特·黑德利在新闻领域工作了十几年，在她的职业生涯中，她曾与几千位来自各行各业、各个阶层的受访者亲密交谈，她总结出了通过谈话提升共情力的方法。她把这些技巧写在《会说话：把话说到心里去》中，她介绍过加州大学伯克利分校的研究人员建议的四种简单的练习方式，可以通过人际互动来增加共情能力：

（1）深度倾听

大多数人都知道聆听的重要性，但很少有人会采取行动来提高自己的聆听能力。作为聆听者，要"听"懂别人的话，只听对方说了什么属于低层次倾听，听出对方没说什么才是深度倾听。

当与对方就一个话题进行谈话时，我们往往会过早出现四种行为：建议、安慰、批判、询问。

深度倾听的定义在于站在对方的立场，听到语言背后的情绪和需求。包含三个步骤：接收、反应和确认。

第一步：接收。在对话过程中，最重要的是接收信息，让对方多讲。对方讲得越多，我们可以捕捉的信息就越多，我们就可以越了解他。

管理方法

　　第二步：反应。在倾听时，要注意肢体语言的使用。比如，通过点头或眼神的交流向对方传达一个信息——我确实认真在听。

　　第三步：确认。当对方讲完之后，你可以用一个封闭式的问题，对对方的话进行确认和澄清，明确对方的需求。确认的方式可以是让对方产生"点头"的效果，点头就说明你懂我，懂我就是理解我。因此，确认也是同理心倾听的最重要的标志。

　　在实际工作中，我们要注意避免阻碍倾听的四种行为。通过接收、反应、确认的方式，挖掘员工所反映的问题背后的目标，将负面情绪转化为正面需求，确定下一步谈话的方向。真诚倾听，员工才会产生共感力和贡献欲望。

　　（2）分享他人的喜悦

　　作为人类，对他人的痛苦有同情心相对容易。但是同理心和同情心是两个不同的概念。有同情心的人会说"我为你感到难过"，而具有同理心的人则会说"我能感到你有多难过"。同情心让你把自己区别于其他人，让你把他人看作"别人"；而同理心则迫使你感觉自己与他人息息相关，有很多共同点。

　　分享他人的成功与喜悦，比同情他人更能培养共情能力和同理心。

第五部分　内外兼修的领导力

（3）寻找与他人的共同之处

现代人天生就喜欢谈论自己，甚于任何其他话题。潜意识下，我们会去寻找自己的相似经历，并把它们叠加到当下正在发生的事情中。但是人又是极为不同的，面对不同的事，我们自己的经历不但不能帮助我们更好地理解别人的经历，反而会扭曲我们对他人所说或正在经历的事的看法。好的谈话不仅能让你了解很多别人的经历，还能对比自己的情况，我们要仔细辨别相同点和不同之处，用观察者视角求同存异。

（4）注意观察谈话对象的非语言表现

交流中的信息包括三种：语言（话语的字面意思）、姿势（面部表情、手势、身体姿态）和语调（说话的口吻）。在互动中，我们不仅有语言交流，也要注意交流对象非语言的肢体语言，这也是积极聆听的一部分。

管理启示

让员工以"勤奋努力"为前提进行工作是非常低效的驱动方式。通过营造快乐的工作氛围，让每个人都意识到自己是主角，才能形成共感力，提升员工的工作动力。

管理方法

笔记33　怎样用心理契约管理法

一个人工作是不是投入，是不是决定离职，主要是由"心理契约"决定的。

美国著名人际关系学大师戴尔·卡耐基曾写过这样一则小故事。一头牛悠闲地趴在路上挡住了人们的去路，赶路的人想用绳子把牛牵走，可是无论怎么用力，牛都不为所动。这时，一位路过的农夫，拿出了牛喜欢吃的青草并放在了它的鼻前，引着它往前走，农夫就这样把牛引开了。

这则故事告诉我们，若想使人行动起来，无法通过来自外部的命令来实现，而是需要他自身的引擎发动起来才可以。因为人本身的存在是自我的，是以自己为中心的。可是，当人有了动力，想要实现某个梦想时，人是能够控制、掌控自我的。

如果员工能够看到，他其实是在为自己的需求工作，而不是被动地为公司的要求工作，也就不会有"当一天和尚撞一天钟"的心态，你也不用每天盯着他是不是迟到、偷懒。你不用"管"他，他自己会主动工作。

你和下属之间，除了上下级领导与被领导的关系，就存在着这样一种默契，那就是，你代表公司，需要了解和满足下属的需求,同时他努力工作作为回报。这种上下级关系,也叫"用交易代替管理"。

"心理契约"是美国著名管理心理学家施恩教授提出的一个名词。他认为,心理契约是"个人将有所奉献与组织欲望有所获取之间,以及组织将针对个人期望收获而有所提供的一种配合。"也就是说,当一个人加入一个组织的时候,他对于组织能够给他什么,他需要付出什么,是有预期的。人们会基于预期进行盘算,这种盘算是在每个人心里进行的,虽然并不像劳动合同那样明确说出来,但这也是一种"交换协议",这种交换协议,就叫心理契约。

管理心理契约的关键阶段

招聘

这是员工与组织建立关系的开端。在我们向潜在入职者传递公司信息的时候,要保证信息准确与清晰,以避免员工入职后产生心理落差。在这个阶段,你需要让三类信息传导通畅:第一,了解下属想要什么;第二,让下属看见公司能给他带来什么;第三,让下属清楚你对他的期望是什么。

我认为心理契约在招聘的步骤要实现的是"志有定向",即让新员工发展自我认知和规划。我在给公司做咨询,培训他们的 HR 时,我都会让他们在招聘新人时追问"你在公司

管理方法

里面,想得到什么东西?"然后公司提供资源和条件,帮助员工实现。

入职初期

要建立相关流程与培训帮助新员工快速融入组织,并为其提供与招聘时允诺相符的工作条件,保证员工尽快熟悉公司的规章制度、政策和程序,逐步建立与公司的心理契约关系。

在这个阶段,员工最亟待解决的是成长问题。最好的办法就是对员工的学习行为进行一些奖励,这种行为有两种,一种是主动学习,还有一种是员工之间的教授行为如老员工教新员工,这些都值得提供一些实质性的奖励。

工作阶段

员工在工作阶段容易因为位置和角度不同,而对公司提供的条件产生不同的感知,我们要创造机会与渠道让员工能充分表达想法与困难,预防危机。

在这个阶段,最关键的是基于情感沟通的方式建立深度沟通。更具体一点,你的下属对自己的职业规划有哪些打算?目前的工作符不符合他的职业发展目标?他是不是希望转行,还是希望换岗位?你怎么帮他把目标和现在的工作结合起来?除了收入和发展,员工还有情感上的需求。他们希望工作有成就感,发挥自己的优势。他们需要归属感,需要自己的价值观在这个团队中得到肯定和支持,等等。

第五部分 内外兼修的领导力

特殊情况

当企业由于各种不可抗因素产生心理违约时（比如受疫情影响的薪酬福利调整），要引导员工有正确的归因，降低员工心理契约受损的影响。

建立心理契约的有效方式

第一，提高员工参与度。员工参与程度由弱到强有：有权利获得信息、提出反对意见、提出建议、提供咨询、暂时或长期拒绝一个提议、与管理者共同制定决策；常见的实施方式有：咨询监督、民主监督、劳资会议与提案制度等。

第二，建立交流质量圈，即从事相关工作的人员组成的小组，其也是员工参与管理的方式之一。员工除了能参与到与工作相关的讨论中外，还可以获得心理满足，这有助于劳资双方的沟通，也可以创建读书会、运动团体等社群。

第三，员工持股计划，即企业每年按一定比例提出工资总额的一部分，投入员工持股信托基金会，基金会根据员工的工资或贡献大小，将股票分配到每个员工的持股计划账户上。员工持股计划使员工成为企业的所有者，提倡的是一种员工与企业共同富裕、共担风险的理念。

这个方法的好处就是深度绑定员工与企业的关系。我服务的一个KTV连锁企业，在实行我的契约管理方案后，员工不但工作起来更有干劲，不会动不动离职，而且成长很快。

管理方法

普遍来说这个行业离职率比较高，通过我的方案进行个人引导，岗位职级制定从储备干部到组长、副店长、店长、督导，给人员晋升、成长提供了充足的空间。到了副店长或店长级别还可以成为合伙人，甚至功勋员工（优秀员工缺乏管理能力的）也可以成为合伙人。他们不但可以通过自己的本职工作挣到钱，还可以通过成为合伙人享受企业分红。

第四，高效便捷的沟通渠道，比如总经理信箱、员工座谈会、员工意见调查、满意度调查等，而针对这些举措，重要的是不让其流于形式，要形成计划并真正落地实施。

第五，丰富多样的活动，比如专项培训、各种庆功会、员工文体活动、各种福利活动、EAP心理援助等项目的开展等。

注意事项

第一，不要急于求成。心理契约的形成，是一个循序渐进的过程。一方面，你和下属的信任感，是逐步建立起来的；另一方面，公司和员工都在发展，双方的需求不是一成不变的。所以，不要着急，要持续地去关注。

第二，让下属感觉"他很重要"。作为上级，你在心理契约的磨合过程中，要采取主动的姿态。你要在每一次沟通机会中，主动地去了解和关心下属，让下属感觉到公司对他的重视。

第三，要管理下属的预期。对于不切实际的心理预期，

第五部分 内外兼修的领导力

你要在第一时间,就明确地告诉他不行。告诉得越早,越是负责任的表现。另外,当你的下属达到甚至超过你的预期,在工作上很好地帮助到你的时候,你一定要表现出来,让他知道,并且真诚地跟他说一句谢谢。

管理启示

建立"心理契约"能让员工主动工作,但它不是一劳永逸的,还需要配以有效的激励方式。激励的形式分为精神和物质的,分别用以满足"心理上"和"生理上"的需要。

最后,我给你分享一下盖洛普咨询公司员工敬业度调查的12个问题。这是著名的市场调研公司盖洛普,通过对10万名员工进行跟踪后,提炼出来的,最能反映员工工作状态的12个问题。

你可以让你的下属们匿名做一次,或者你自己以下属的身份代入做一次,评价一下你自己这个上级做得怎样。

如果12个问题,有10个以上的答案是满意的、积极的,那么恭喜你,你看起来是个不错的上级;如果只有8个甚至更少的回答是满意的、积极的,那么,你要注意了,很可能你的团队正处于被动工作状态中,如果不赶快改进,很可能你的团队会出现大面积离职。

盖洛普咨询员工员工敬业度调查的十一个问题:

管理方法

我知道公司对我的工作要求吗？

我有做好我的工作所需要的材料和设备吗？

在工作中，我每天都有机会做我最擅长做的事吗？

在过去的七天里，我因工作出色而受到表扬吗？

我觉得我的主管或同事关心我的个人情况吗？

工作单位有人鼓励我的发展吗？

在工作中，我觉得我的意见受到重视吗？

公司的使命目标使我觉得我的工作重要吗？

我的同事们致力于高质量地工作吗？

我在工作单位有一个最要好的朋友吗？

在过去的六个月内，工作单位有人和我谈及我的进步吗？

笔记34 把权力关进笼子里

从结构上看，所有权力和责任都集中在火线管理者身上；只有火线管理者独立完成不了的，才交给上级管理层。

——彼得·德鲁克

第五部分　内外兼修的领导力

有这样一家蓬勃发展的公司，公司领导没有什么存在感。反而是其每个团队中的团队成员都有很大的自主权，能自主决定提供给顾客具有什么特色的产品、制定什么价位、采用什么样的营销推广方式。这些决定既不需要上传到总部，也不需要反映给分部主管，基层员工就可以拍板——这样就能在小范围内试验新方法、因地制宜进行调整。

这个叫"差别机器"的公司把权力和责任下放给一线员工的做法看起来有些激进，但却富有成效：在《财富》杂志评选出的100家最适宜工作的公司中出现了它的身影；2009年，公司的销售额是80亿美元，上市后公司的营业额每隔3年就翻一番；公司的市场价值和员工数是其竞争对手的10倍左右。

这就是把权力关进笼子里，采用自下而上管理的威力。

什么是自下而上管理

自上而下与自下而上是组织工作的两种思维方式。

自上而下是指大部分决策权掌握在组织的最高层部门，由他们负责配置资源，当部门之间发生矛盾时，主要是由他们进行协调。

自下而上正好相反，在自下而上的组织中，大部分决策权下放给中下层，最高层只负责组织的长远战略及与组织长

管理方法

远利益有关的重大事情，当部门之间发生争执时，主要由他们自己协调解决。

丰田汽车公司原董事长奥田硕在考察国内一家颇有名气的家电企业时，曾经说了一段耐人寻味的话，贵公司的管理给我感觉很好，已经有了"自上而下"的执行体系，而且细腻、到位、有特色。说到这里，他话锋一转，但从知识时代的发展趋势来看，应该尝试"自下而上"的管理理念、方法和模式。

的确，员工不仅是"思想"的使用者，而且是创造者；不仅是"指令"的执行者，还是问题提出和解决的主动者。员工应该由螺丝钉和齿轮的角色变为发动机，华为说"让听见炮声的人来决策"，这是因为身处前线，他们更理解市场，更掌握信息，也更能产生创造性的洞见。西门子的理念是"把员工纳入整个生产经营过程中来"，而丰田的管理特色之一，就是把员工看成是本职岗位的最终负责人。在落实自主管理班组方法的过程中，班组成员对库存计划、材料规划、人事安排、生产目标，以及产品质量全面负责。这样，组织内部呈现出"上下循环、交融运行"的新格局，这赋予组织以新的活力。

不过，从"自上而下"走向"自下而上"，完全是从一端走向另一端，不太可能一蹴而就，因为传统的等级制度体系不可能一夜之间消失。因此，除了自下而上、自上而下两

第五部分　内外兼修的领导力

种模式外，英国知识创新研究者戴布拉·艾米顿和加拿大帝国商业银行的赫伯特圣昂吉又提出了"由中而上而下"的模式。艾米顿在《智慧的觉醒》的书中说：创新过程必须是按照"由中而上而下"的模式设计。然而，自上而下的领导人员将继续作为管理的基本部分。基层活动的网络化有利于加强对变革的洞察力，而这些变革又可由那些最接近销售目标的人来实现。然而在很多情况下，那些最接近交货服务的人并不是在组织中握有实权的人。加拿大帝国商业银行圣赫伯特圣昂吉将"由中而上而下"的策略描述为一种平衡与集成两种方法的精华。

权力的下放，有一个循序渐进的过程。联想的柳传志说：我刚刚建立公司时，采用的是"由上而下"的方法管理团队，也就是被我们称为"指令式"的方法；进入20世纪90年代，公司来了一些高素质的年轻人，我就把指令式的方法改为所谓"指导式"的方法；1995年以后，我就把工作方式逐渐改为"参与式"——属下指出计划，我来提供意见。这样我身边的人就有了非常大的舞台，他们自己可以做决定。我也由一个"导演"逐渐变成了"电影制片人"。

由下而上管理的优点

由下而上的管理风格解决了许多由上而下法带出的问

管理方法

题。基于这个方法所具备的优点,它对讲究协作的创意团队和产业(例如软件开发、产品设计等)而言,是非常理想的选择。

一、把责任落实到底

有活力的组织一定是把权力和责任落实到各个岗位的每个人手上,特别是最底层的员工,而不是浮在上面,更不是集中在某个人的手中。

把责任从领导的手中释放出来,连同权力和信任一起,回归员工。员工在决定承担责任前,首先要看组织给了信任没有。西门子公司一方面在中高管理层实行宽松型的授权管理制;另一方面在员工中间实行"以项目和小组为导向、全球联网、按客户任务和产品特性而设立的微型组织",这一组织方式在培育员工解决实际问题的能力的同时,激发了其极大的工作热情。对此,《西门子传》一书中是这样表述的:人们致力于简化等级制度的努力,同时也给自己带来了责任,因为每一个人都有了更大的自由发挥空间和决策余地来完成他们的任务。

二、打开思想通道

比尔·波拉德在《企业的灵魂》一书中写道:员工不仅仅是"一双手",而且是有思想有创造力的集体,他们能够主动改变企业的各个方面。

毋庸置疑,真正能够推动生产力发展的创新大都来自第一线的头脑；一个组织的萎缩，也都从员工思想的僵化开始。因此，现代组织的任务之一，就是要激活员工的思维活力，打开言路，建立起一个充满想象空间的事业平台，使员工成为有思想的实践者。通用电气曾经长期坚守禁锢式管理，员工仅被期望成为"勤于工作、守口如瓶"的人。在杰克·韦尔奇的倡导下，GE提出了自下而上的管理模式，其基本做法如下：1. 鼓励员工在一个协作型的公司文化中分享他们的见解；2. 赋予一线员工更多的职责和更大的权利；3. 根除程序上的浪费、不合理和重复的环节；4. 打破阻碍思想和成果进行自由交流的禁区。"你必须给他们自由，使每个人都成为参与者。"韦尔奇这样总结。

三、让员工主动起来

传统管理模式崇尚权威和控制；而现代管理理念却要求员工主动起来。自上而下管理，组织能力和执行结果也会自上而下层层递减；自下而上管理，每个岗位自驱动，组织能力和执行结果也会随着时间逐步递增。"调动"意味着被动，"主动"才能有责任感。无论年资，每个人都有机会影响决策。此法也让各种年资、各种层级的成员具有同等的机会影响项目结果，因而有助同事间发展更良好的关系。如此一来，所有成员就更有可能致力于追求团队的成功。

当然，还有其他途径，如"分享所有权"，即让员工获

管理方法

得适当的公司股权，满足其事业的归属感，这也能启动他内心的主动意识。

管理启示

现在很少有组织会使用纯粹的由上而下管理法。多数团队使用混合法，若放在由上而下与由下而上管理这两种风格所混合而成的序列来看，是介于两者之间。

当然，这么多年的工作经验，让我越来越觉得管理的终极目标是"不管理"。在新的更加敏捷的时候，信息和知识流动的结构都决定，把权力赋予前线的员工，改变官僚化的决策流程，推动自下而上的管理，才是企业的根本需要。

最后附录上刊登于《华尔街日报》来自联合技术公司的一段话共勉：

让管理靠边站

人是不喜欢被管束的。

他们希望被人领导。

你可曾听到过"世界管理者"这样的说法？

"世界领导人"，这才像话。

教育领导人，

政治领导人，

宗教领导人，

第五部分　内外兼修的领导力

童子军领导人，

社区领导人，

劳工领导人，

商业领导人，

他们都在领导，

他们不是在管理。

胡萝卜永远比大棒有效。

不信你就拿你的马儿试一试。

你可以"领"着它走到水边，

却无法"管"着让它去喝水。

如果你想管人，

那就管管你自己。

把自己管好，

你就愿意停止进行管理了。

然后你就会走上领导之路了。

笔记 35　升迁太快，未必是好事

提拔职员或主管一定要着眼于潜力，重视人与岗的匹

管理方法

配，目前的成绩并不能作为提升的理由，而要看到他是否能在更高、更综合的层次上发挥出能力。

大华是一家互联网公司的程序员，由于他工作积极努力，为人热情又乐于助人，深受上司赏识。他在不久前被公司提拔为项目主管。大华非常感激上司对自己的知遇之恩，他更加埋头苦干，但是事情的发展却出乎意料，大华发现自己困难重重：一是自己在从事技术工作之余，必须用更多的精力来管理好项目团队，琐碎的事情让他忙得焦头烂额，根本无暇顾及更多技术的事。二是他虽然自己技术能力很强，但在团队成员的工作出现问题需要他支持的时候，他却因为缺乏沟通技巧和向上调动资源去帮助对方解决问题，导致同事怨言很大。三是小组中资历比自己老的很多技术人员对自己不服气，自己又不好意思说什么。结果，上司、同事、自己都很不满意，大华从优秀的技术人才变成了不称职的项目主管。

大华明显就是碰到了职场中有名的"彼得原理"。彼得原理是美国学者劳伦斯·彼得在对组织中人员晋升的相关现象研究后得出的一个结论：在各种组织中，由于习惯于对在某个等级上称职的人员进行晋升提拔，因而雇员总是趋向于晋升到其不称职的地位。换句话说，一个人，无论你有多少

第五部分　内外兼修的领导力

聪明才智，也无论你如何努力进取，总会有一个你干不了的位置在等着你，并且你一定会达到那个位置。

彼得原理有时也被称为"向上爬"原理。这种现象在现实生活中无处不在：一名称职的教授被提升为大学校长后无法胜任；一个优秀的运动员被提升为主管体育的官员，而无所作为。大华就是被晋升到一个其无法很好发挥才能的岗位，结果好事变坏事，这不仅不是对他的奖励，反而使大华无法很好发挥他原有的才能，也给企业带来损失。

对一个组织而言，一旦组织中的相当部分人员被推到了其不称职的级别，就会造成组织的人浮于事，效率低下，导致平庸者出人头地，发展停滞。因此，这就要求改变单纯的"根据贡献决定晋升"的企业员工晋升机制，要建立科学、合理的人员选聘机制，客观评价每一位职工的能力和水平，将职工安排到其可以胜任的岗位。不要把岗位晋升当成对职工的主要奖励方式，应建立更有效的奖励机制，更多地将加薪、休假等方式作为奖励手段。

对个人而言，虽然我们每个人都期待着不停地升职，但不要将往上爬作为自己的唯一动力。与其在一个无法完全胜任的岗位勉力支撑、无所适从，还不如找一个自己能游刃有余的岗位好好发挥自己的专长。

管理方法

打破彼得原理的 5 个提醒

若要颠覆"彼得原理"指出的层级浮滥、组织充斥不适任员工的现象,工作者有 5 点提醒可以牢记心头。

提醒 1:永远承认自己能力不足。

永远感到自己总有某些方面存在不足,随时随地保持强烈的学习欲望,对新事物的好奇心才能永不止息,而且勇于尝试。

最好不断运用工作轮调和学习充实自己,避免陷入能力不适任的危机。

提醒 2:即使在现职上表现优良,也不要急于挤入管理职。

如果尚未准备充分,反而可能弄巧成拙,被下属贴上"无能"的标签。

从业务出身的主管极多,如何转换业务思维与管理思维,是否准备好承接"带人"而不只是"开拓业务"的任务,都是面临升迁机会时,应该好好思考的问题。

提醒 3:不是每位员工都适任管理职。

拿破仑说:不想当将军的士兵不是好士兵,然而,并非每个士兵都有当将军的野望,况且将军注定稀少。

即使一个员工有潜力胜任主管职位,同样要明白:不论如何慧眼识英雄,但看走眼的情形仍然无法避免。有些员工即使经过适当培训,对于担任管理职仍有障碍。

主管决定升迁人选时,别忘了提供完善的学习与训练制

第五部分　内外兼修的领导力

度。扩大接班梯队的人选、培养种子部队，都是组织持续成长的关键。

提醒4：有升有降。

有晋升，就有沉降，这是组织的必然。《卧底经济学家》作者、英国金融时报的专栏作家蒂姆·哈福德认为：当有人不再胜任他的工作时，我们不应等他们自己辞职，而应该直接叫他们滚蛋——或者更好的做法，是把他们降回原本做得好好的低阶职位。

提醒5：扩展外部网络

无论怎么晋升，一个公司都会存在天花板，与其单方面追求纵向发展，不如横向扩展。一个管理者，如果仅仅只是站在一个公司管理的层面上来看问题，那么他很难提出一些比较有远见的战略。哈佛大学教授罗纳德·海费茨把一个公司比喻成一个剧院，剧院的结构通常是"底层舞台"和"高层楼座"。如果想要成为一名优秀的领导者，就需要学会把目光放在大局上，把时间更多地用在处理"高层楼座"里发生的事上。因此，他应该学会扩建自己的外部人际关系网络。

如果一个管理者能从外部获取想法和反馈，或与他们进行协作，时刻关注组织内部的变化，并从最高领导者那里得到支持和资源，那么他有能力生产更有创意的产品或是提供更新颖的服务。

管理方法

管理启示

"彼得原理"点出了职场上人人心有戚戚焉的现状：公司内无能的人远比想象的多。它就好比一面清晰的镜子，每位工作者想要埋怨无能主管时，不妨先检视自身，有没有保持"即使不会、我可以学"的谦虚心态。有朝一日，他们才能从"适任员工"获得升迁时，也能是"适任主管"，为所在企业作出更大贡献。

笔记 36 管理者别再抱怨员工

你最宝贵的东西不是你的资产，而是在公司替你工作的人，是他们头脑里所有的想法和他们工作的能力。我的全部工作是关于人的工作。我不会设计发动机，我只能把赌注压在人的身上……在员工所关心的范围内，他们就是 CEO。

——杰克·韦尔奇

企业中，爱抱怨的员工很容易被察觉，他们的负面情绪随着同事间的吐槽、抱怨，就像病毒一样在团队中散播和"传染"，管理者可以及时发现并沟通调整。但如果管理者本身抱怨呢，作为当事人往往很难察觉，也很难意识到其负面影响。

防止"踢猫效应"

在日常工作中，看到员工没做好，作为管理者，我们可能首先的反应就是给当事人一顿批评，指责员工执行力不强、懒散、指标完成不好等，却较少先从事情本身找原因。松井忠三在《无印良品管理笔记》中写道：当你指着别人说"都是你不好"的时候，有三根手指正指着自己。换句话说，虽然对方可能有做得不好的地方，但自己做得不好的地方通常比对方更多。

在我们抱怨其他人问题的时候，我们却看不见自己身上的缺点。这样的行为在《别找替罪羊》这本书中被称为"自我欺骗"。大多数人都是困在自己思维局限里，我们都不认为自己存在问题，总认为都是别人存在问题，而且我们还总说别人非常抵触自己的建议和批评。

工作中有些事可能并不是员工不想做好，而是做好一件事除了员工本身的能力还需要外部条件的配合。追究问题发生的真实原因，往往不全是因为员工，也可能是制度不完善、标准不清晰，或者要求不明确等。这种情况下随意指责员工，员工必然很委屈，自然产生不良情绪，然后再蔓延到团队、工作中，形成可怕的"踢猫效应"，最终导致工作效率低下、

管理方法

工作质量不高、业绩出现问题。

而且即使管理者对员工的"不满"没有直接在团队中抱怨,而是转而向外人一吐为快,也不代表没有负面影响。澳大利亚一名电视工作者朗达·拜恩,2008年出版的《秘密》一书中阐述了一个著名的法则——"吸引力法则":心中所想之事越发强烈,似乎就越容易实现。你对员工越不满意,员工的表现就会表现真的越来越糟糕。

所以与其抱怨员工,不如换个思维——开发员工的潜能。管理学之父彼得·德鲁克在《他们不是雇员,他们是人》的文章中指出:对于任何组织而言,伟大的关键在于寻找人的潜能并花时间开发潜能。

本尼斯定理

员工培训是企业风险最小,收益最大的战略性投资。这就是著名企业管理学教授沃伦·本尼斯提出的本尼斯定理。

虽然取代人要比培养人更快、更容易,但可持续的人力解决方案是把每个人都培养出来,而不是从一开始就试图找到"完美"的人,因为这个人压根就不存在。

当今名列世界500强的绝大部分企业都意识到了这一事实,对其人员的内部培训给予了前所未有的重视,已经把对员工的职业心态与职业技能培训作为其战略制胜的重要手段。企业如果不重视培训，职业经理人、企业员工如果不及时"充电"调整，就不能"升级换代"增强活力，形成可持续发展的优势。

日本松下电器公司有一句名言：出产品之前先出人才。其创始人松下幸之助更是强调：一个天才的企业家总是不失时机地把对职员的培养和训练摆上重要的议事日程。教育培训是现代经济社会大背景下的"撒手锏"，谁拥有它谁就能成功，只有傻瓜或自愿把自己的企业推向悬崖峭壁的人，才会对教育培训置若罔闻。

世界级的大公司都非常重视员工的培训，他们投入大量的财力在员工培训方面。企业为了培养人才所花的费用已经达到企业总销售额的10%，为培训所花费的人力成本也占到企业总人力投入的10%。为什么？因为这些企业的管理者都明白，培训是企业提升综合竞争力的主要手段，是企业持续竞争的发动机。比如，美国惠普几万名员工，每周至少有20个小时用于学习业务方面的知识。摩托罗拉公司曾做过分析，固定资本投入的回报率是840%，而培训投入的回报率是3000%。

英特尔为员工培训专门制订了一个新员工计划，上班的第一天，公司就会派人给新员工做常识培训。英特尔会给每位新员工制订一个详细的培训管理计划，详细地把每周的工

管理方法

作计划量化出来，还会直接写明工作过程中可能遇到的问题、可能需要什么支持。工作3～9月后，新员工会接受为期一周的培训，主要内容是英特尔文化及在英特尔成功的路径。此外，公司还会安排很多一对一会议，给新员工提供一个表现自己能力的机会，让新员工和同事、老板、客户等面对面交流。

GE每年用于员工培训的费用高达10亿美元。这笔费用在全球所有的企业中不仅堪称之最，更难能可贵的是，GE在培训方面的投入不仅保持着连续性，而且随着企业的发展，在过去的数十年中一直保持着逐步递增的趋势。

在微软公司，新员工入职后的第一步就是接受时间为一个月的封闭式培训，这一培训把新员工转化为微软的职业人。同时，微软还非常重视对员工进行技术培训。微软内部实行"终身师傅制"，新员工进门后，公司就会委派一个师傅来带他；此外，新员工还能享受为期三个月的集中培训。平时，微软也会给员工提供很多充电的机会：1. 优秀员工能够参加美国一年一度的技术大会；2. 每个月高级专家都会为员工讲课，每个星期都会安排一个内部技术交流会。在这里，除了技术培训，微软还提供公众演讲、时间管理、沟通技巧等职业培训。

使用"7-2-1 模型"投资员工

7-2-1 学习和发展模型是一个关于人们是怎样有效学习和发展的模型。该模型的三位创建者与位于北卡罗来纳州格林斯博罗的非营利教育机构创新领导力中心合作,对 200 名高管进行的一项调查：你认为自己是如何学习的。

在本次调查中,受访者报告了以下对其成长起影响作用的学习因素及权重：

- 70% 来自具有挑战性的任务
- 20% 来自发展关系
- 10% 来自课程培训和作业

该模型的创建者认为,实践经验（70%）对员工最有益,因为它使他们能够发现和改进与工作相关的技能、做出决策、应对挑战并与有影响力的人互动。由此可见,工作场,就是最真实的练兵场。日复一日的工作单调枯燥,但是在重复中发现规律和美,总结提炼思考,提取经验教训,是非常好的训练方式。每日复盘,周报,都是在工作中不断提高。

员工通过各种活动向他人（20%）学习,包括社交学习、辅导、指导、协作学习和其他与同事互动的方法。鼓励和反馈是这种宝贵的学习方法中最大的价值。向他人学习,听分享,学经验,不仅仅站在巨人的肩膀上,也可以借助身边同事朋友的大脑。

管理方法

该公式认为,只有10%的专业发展效果来自正式的传统课程教学和其他教育活动。

"7-2-1法则"在员工培训中,扮演着全面和重要的角色。

管理启示

企业员工培训,比物质资本投资更重要。从某种意义上说,员工培训是企业人力资产增值的重要途径,是企业组织效益提高的重要途径。企业通过对员工进行全方位多层次的培训,培养了员工积极主动学习新知识、掌握新技能的理念,其自身素质不断地更新和提高,也使得企业有持续的经营管理能力;同时,这也提高了员工为企业进行新产品研究开发的能力,从而使企业获得很强的市场竞争力。

说到底,企业培训是一种高回报、低风险的投资。

笔记37 "分手"亦是朋友:离职员工大本营

一流企业与离职员工分手不离心,二流企业与离职员工好聚好散,三流企业与离职员工撕破脸皮。

第五部分　内外兼修的领导力

你一手栽培几年的优秀员工突然跑来跟你说，他要到其他平台去发展，即便你试着挽留、打悲情牌都改变不了他要走的事实。

那么除了惋惜或愤怒，也许你可以换一种更有能量的"分手"方式：

"很遗憾你真的要走了，不过这也说明公司过去对你的栽培是有效的，最起码他们给你更好的待遇了吧？很好，祝贺你！我会亲笔给你写一封推荐信。我要把你所有的优点都写出来，要让他们知道咱们的人有多优秀！"

"除了推荐信之外，你也可以加入咱们公司的'前员工俱乐部'，享受前员工的福利。比如前员工可以享受会员价；或是帮公司介绍新人加入，就会得到一笔猎头费用；如果公司有大的派对，前员工也可以来参加。"

最后再加上一句：

"去了就好好干，我相信你会有一番作为，有任何问题，随时可以回咱们公司沟通。这里就是你的大本营！不过，我想拜托你一件事，在你离职前的两个月里帮我培养一位接班人。"

管理方法

听完你这一席感人肺腑的话，离职前的员工也不会分心散漫，甚至还愿意好好培养一个接班人，来证明老板没看走眼。此外，离职员工也自然愿意替公司营造正面口碑，吸引未来的优质人才加入。

"分手亦是朋友"，这句话也适用于企业与离职员工的关系。企业最明智的做法是尽量留住核心人才，如留不住他的人，可以专为离职员工创建一个"前员工联盟"，让他们离职不离心，可以"常回家看看"。

不是失去，而是关系的重塑

经营不错的前员工联盟，最后可能演变成一个特别大的资源池，将离职员工转变成企业的"跨界资源"，作为无边界合作的"战略性协作资产"。员工离职后依旧可以与企业互动合作、互相助力。

"前员工联盟"做得比较好的公司有宝洁、领英。这种联盟，很像不少大学都有的校友会。商业界有个"宝洁系"，宝洁的前员工联盟有二十五万人，宝洁的前员工一见面就问"你是哪一级的？"领英的前员工群有十五万人，涵盖了全美98%的世界五百强企业。

2021年3月，微软公司发布了《2021年工作趋势指数报告》，报告调查了31个国家的3万多人，并对Microsoft

第五部分　内外兼修的领导力

365平台及职业社交网站领英的数据进行分析显示，灵活办公模式下，全球大约40%的微软员工正在考虑跳槽，54%的人表示自己处于"超负荷工作"，39%的人因工作而感到"疲惫不堪"。

随着自媒体时代的来临，个人有了更多创收的平台和方式，公司对员工的"终身雇用"，员工对公司的"单向忠诚"，都一去不复返了。在这种趋势下，离职只会变得越来越频繁和正常，关键在于如何处理离职过程。有的企业撕破脸皮，有的企业选择静默，有的企业选择好聚好散，留个好口碑。然而，上述都不是最好的选择。

最好的选择是打造"企业－员工分享联盟"（简称"分享联盟"），从员工进入企业第一天起，企业即与员工携手共谋，立足企业发展平台打造终生合作机制，互相投资，交换资源，分享价值，彼此支持发展，双向打造品牌。即便员工离开企业，也始终保持终生合作关系。

如果优秀员工决定跑去创业，老板甚至可以透过入股的方式，与前员工的联结到达另一个层次。《从0到1》的作者，同时也是PayPal创办人之一的彼得·蒂尔就是个很好的例子。他的员工要出来创业，他就入股投资，Facebook、YouTube、SpaceX、Tesla这几家知名公司都是他的徒子徒孙，而他也因此被称为"硅谷创业教父"。

管理方法

昔日老板是最清楚前员工行事风格和人品的人，也了解他们的思维。而对于创投公司 VC 而言，评估一家公司除了看产品及市场外，更重要的就是看创办人的人品与能力。因此，若你手上刚好有笔钱想投资，投资前员工的新创事业，一定相对于陌生人来得可靠。

正如罗格·赫曼所著《留住人才》一书所言：你对员工离开时所作出的反应将筑成你跟他们永远的关系。针对离职的员工，聪明的态度应该是人走茶不凉。

微软的做法就很值得借鉴。2019 年 11 月，在微软任职级别最高的中国高管沈向洋宣布离职，微软官方给予沈向洋最高规格离职礼遇，不仅在官网中为他赋诗送别，微软 CEO 萨提亚·纳德拉也在微软内部给他写信告别。同时，沈向洋还将继续担任萨提亚·纳德拉和微软创始人比尔·盖茨的顾问。

综合以上，我们应该试着将员工离职这档事看得更正向，而不再只是恶言相向、老死不相往来。留不住他们，至少还可以组个"前员工联盟"，甚至当个天使投资人、微型创投家，让这些优秀的前员工，带着你公司的 DNA 去打天下。正面思考，你并不是失去他们，而是与他们重新建立了关系，一种在资源、利益、合作上相关度更高的关系。用领英创始人雷德·霍夫曼的话说，这更多的是一种"联盟"关系。员

第五部分　内外兼修的领导力

工虽然离开了公司，但你们的"联盟"关系并未解散，只是换了一种方式。

管理启示

离职员工的价值不局限于其个人能力，而是一个集能力与资源于一体的"价值包"。通过前员工联盟，我们可以：第一，获得传教士；第二，获得大猎头；第三，获得内测员。具体怎么做呢？除了不断给前员工俱乐部发布公司的信息外，可以对应地做三件事：第一，举办"各种聚会活动"，第二，给出"员工推荐奖金"，第三，提供"自家新产品使用"。你也许没法组织"前女友俱乐部"，但可以组织"前员工俱乐部"。

笔记38　利用复利效应

生活中所有的回报，无论是财富、人际关系，还是知识，都来自复利。

——纳瓦尔

管理方法

对复利效应在资本领域的运用，我们并不陌生。在硅谷知名天使投资人纳瓦尔看来：复利效应绝不仅局限于资本领域，商业关系中的复利效应非常重要，看看社会上的顶级角色，为什么有人可以当上市公司CEO，有人可以操盘几十亿美金。这源于别人对他们的信任，而之所以能够得到信任，就因为他们用好了人际关系的复利效应。

财富的复利很容易理解，比如优质的房产和股票，复利效应再加上合适的杠杆，可以极大加快你财富的积累速度。而人际关系也有复利的效应，这个效应源于你在某个事业领域的深耕，在时间加大下放大、获得回报，个人声誉方面也存在复利效应，如果你声誉良好，数十年如一日打造和积累，你就一定会得到关注和重视，你的价值就会高出别人成千上万倍。

用现在流行的话来说就是个人IP，从零到一很难，但是一旦破茧成蝶，效应就会呈几何倍数增长。比如直播界的清流——董宇辉，最开始转型的时候，通宵直播，1400人的直播间里面，连9.9的福利品都卖不出去，但是知识型主播的形象一旦树立起来，一下拉开了与其他吆喝型主播的差距，破圈之后效益呈几何倍数增长。

一个人的竞争力除了体现在专业知识和能力上，人际关系、人脉网络上的优势，也是一种竞争力。哈佛大学为了了

第五部分　内外兼修的领导力

解人际交往能力在一个人的成功中所扮演的角色，曾经针对贝尔实验室的顶尖研究员做过调查。他们发现，被大家认同的专业人才，专业能力往往不是重点，关键在于"顶尖人才会采取不同的人脉策略，这些人会多花时间与那些在关键时刻可能对自己有帮助的人培养良好关系，这样在面临问题或危机时刻容易化险为夷"。他们还发现，当一名表现平平的实验员遇到棘手的问题时，会去请教专家，但却往往因为没有回音而白白浪费时间。而顶尖人才则很少碰到这种问题，因为他们在平时就建立了丰富的人际关系资源网，一旦前往请教，立刻便能得到答案。

如今已不再是单枪匹马就能获得一切的时代。世界富豪保罗·盖蒂曾经说过，一个人在做事情时，永远不要靠一个人花100%的力量，而要靠100个人花每个人1%的力量来完成。单靠自己在黑暗中摸索，成功的希望微乎其微，善假于物者才能登高望远。

与人共事更是如此，如果你跟一个人一起合作了五六年，仍然乐在其中，显然你信任他，他的缺点你也可以容忍，所有的商业谈判，都可以化繁为简，只要你们积累了信任。

找到你的职场贵人

什么是贵人？贵人就是那个相信你因而提拔你的人，值

管理方法

得你与之建立长期深度关系而产生复利效应的人。

一个人的成功，15%靠能力，85%靠人际关系。斯坦福的一份调查报告显示：一个人赚的钱12.5%来自知识，87.5%来自关系。

人际关系并不等于走后门，它是一种潜在的能力与资源。凡成就一番事业者，都离不开贵人相助。查理·芒格之于股神巴菲特、蔡崇信之于马云、乔布斯之于前首席设计师乔纳森·艾维……

谁是你的职场贵人？在每个人的人生中，都曾经得到过别人的帮助和提拔，这种人显然是你生命中最典型的贵人。但除了这种显而易见的，还有一些贵人是隐秘的，甚至是最容易让人忽视的。

职场贵人可能是激发你潜能的人，或是你所在领域的佼佼者，也可能是帮助你改正错误的人，或者是赏识提拔你的领导，甚至有可能是时刻监督你找你麻烦的同事或者领导……因为那些看起来跟你唱反调的人，有时候其实是在暗暗帮你。

以下，是职场贵人鉴别指南：

（1）有能力并愿意提供发展机会的领导

在职场中，老板就是你最大的"贵人"，愿意帮助员工成长的老板，能够给予员工最大的发展空间，挖掘个人潜能。

第五部分　内外兼修的领导力

乔纳森·艾维曾被称为苹果的灵魂设计师，作为老板的乔布斯，看到了艾维的设计才能，并重用他，二人才能强强联手，打造出令人惊叹的 iMac 系列、iPad 及 iWatch 等经典产品。两人多年保持着共进午餐的习惯，艾维被称为乔布斯的"精神伴侣"。乔布斯还任命艾维为副总裁，保证其设计不受外围人干扰。

（2）成长型同事和共同合作、共渡难关的同伴

在职场中，周围人的影响是巨大的。持续成长的同事是天生的工作狂，脚踏实地、着眼未来。这样的同伴不是直接的"贵人"，但和他们共同成长，并成为这样的人，会让人在入职场的第一天就"贵气"十足。

共同合作、共渡难关的同伴也是你的贵人。双方合作共赢，愿意为彼此付出，共同努力。谷歌的创始人拉里·佩奇和谢尔盖·布林在斯坦福大学相识，二人长期合作，打造出叫 Back Rub 的搜索引擎，后来成了谷歌的原型。

（3）欣赏你优点的人，合作伙伴

信任的基础是彼此了解，那些欣赏你优点的合作伙伴未必能提供升职加薪的机会，但可能会在关键的时候拉你一把，让你职场道路走得更顺。

和任何一家初创企业一样，耐克早期也曾陷入缺钱的困境，但其创始人之一菲尔·奈特始终把日本贸易巨头日商岩

管理方法

井放在付款清单的首位,即便日商岩井愿意排在偿付清单的第二位,菲尔·奈特也没有改变。

1975年,菲尔·奈特资金周转出现严重问题,面临着债主上门要债、难以支付工人工资等困境,就连银行也不愿再相信他,逼迫还贷。日商岩井在这时表示,愿意替耐克全额付清债务——出于对合作伙伴的信任,日商岩井出手帮助了绝境中的耐克。

(4)刁难你、敢于骂你的人

得罪人的事情,没有人愿意干。但是在职场中,没人指出你做错的地方,你就会错失成长、学习的机会。

IBM创始人沃森在创业之前的工作是销售,第一次推销惨败而归,受到当时所在公司领导的百般责骂与呵斥,他在绝对服从中学习。创立IBM后,沃森还经常对下属们介绍自己曾经的领导是怎样用实例去推销产品、推销自我的。

"凡是打不死你的,都是让你更强大的。"有价值的挨骂是在面对指责的时候,消解完情绪的部分,看看其中有没有值得自己自省与改进的部分。因为,他们深知,今天的苦,是为了未来的甜。

遇见贵人,首先你得有价值

有效社交的本质就是价值互换,也可以理解为建立在一定基础上的共同成长。就像鳄鱼与牙签鸟一样：鳄鱼需要牙签鸟帮忙清除口腔中的食物残屑，牙签鸟则需要鳄鱼齿缝间的腐肉果腹。

雪中送炭只是少数，更多人愿意锦上添花。贵人不会无缘无故给你提供帮助，这需要个人价值的支撑。

巴菲特刚开始投资合伙律师事务所时，只有10万美金多一点，经邻居戴维斯医生介绍结识了芒格。同样对股票投资有着强烈兴趣的两个人开始经常沟通交流，巴菲特鼓励芒格离开律师行业，专注于投资。芒格曾一度在两个行业间徘徊，是巴菲特的建议让他找准了自我的方向。

巴菲特则认为：芒格把我推向了另一个方向，他拓展了我的视野，使我以非同寻常的速度从猩猩进化到人类，否则我会比现在贫穷得多。

有黄金搭档之称的巴菲特与芒格互相成就了对方，互为贵人。

人际交往其实是等价交换，只是这种等价交换经常被"人情"模糊掉，实则是商业社会通行的法则。

"打铁还需自身硬"，走路靠个人，引路靠贵人。因此，想得到强者的赏识，先要成为强者。

管理方法

贵人求助法则

求助的力量容易被低估，与贵人建立深度关系的关键应在于求助，在这个互动过程中，贵人能对你的潜力和执行能力有更多的了解。很少有人特意学习如何寻求帮助，甚至有一部分人不愿意开口麻烦别人，认为这会遭到贵人反感。

实则不是。当然，不是所有人的求助都会得到回应，从创造机会到把握机会，寻找贵人帮助并不简单。

全球共享民宿平台爱彼迎 Airbnb 网站上线早期，创始人之一布莱恩向外界求助，希望获得 15 万美元的融资，多数人告诉他说，爱彼迎是他们知道的最烂的想法。15 个天使投资人里，7 个根本没有回复，剩下的 8 个分别阐述了拒绝理由，最难以为继的时候创始团队靠卖麦片为生。

直到 2009 年 Airbnb 入驻 Y Combinator（美国知名创业孵化器），得到其创始人之一保罗·格雷厄姆给予的 2 万美元的启动资金，并根据格雷厄姆"拥有一百万的暧昧用户，不如拥有 100 位死忠用户"的建议改进创业项目，爱彼迎情况才有所好转，在纽约的订房量上涨了两三倍。

布莱恩和他的初创团队用"不死的信念"打动了格雷厄姆，求助成功。

那么，到底如何向贵人求助，抓住机会？我们要留意以下几点：

第五部分　内外兼修的领导力

（1）主动开口求助

有些人常常连"主动开口"求助这条最基本的原则都做不到。其实，提要求没什么难的，最坏的答案也不过是不答应而已。

研究显示，在工作里，高达90%的明确求助请求，都会得到同事的回应和帮助。要知道，人生中的贵人，往往是麻烦出来的。所以，开口说，很必要。

一位很成功的CEO和我们分享了他的方法论：他认为，找到正确的人，并且向对方请教自己的问题是一种很高效的沟通方式。而沟通的第一法则，就是要厚脸皮，敢于直接问问题，多问问题，问出质量高的问题，最怕的是好不容易见到了人却只停留在热情地打招呼上。

他很喜欢与另一位知名CEO聊天谈话，无论是吃饭还是喝酒，双方总是在不停地抛出一个又一个的问题，通过不断地提问、回答和思辨，双方都能够得到提升。

（2）有效沟通才能达到目标

求助时，一定要讲清楚自己的需求和原因。很少有人会回应含糊不清的请求，比如，"感觉您讲的观点很好，想进一步交流一下"这类万金油式的提问，一看就缺乏诚意。贵人不清楚你的意图，也无法评估自己需要为此付出什么，也就不会提供帮助。

管理方法

（3）感恩反馈

反馈很重要。一个人能否成功，需要看多少人希望你成功。明确向对方表达，他对自己的帮助起到了很重要的作用，让对方感觉到自己的重要。让他人知道，自己的帮助起到什么作用，是赋予"帮助"以"意义感"。这样，帮助才能传递下去。

社会心理学家海蒂·格兰特在一次 TED 演讲中提到，人们寻求帮助时最容易被忽视的便是事后与那些提供帮助的人联系，并表示感谢。

虽然我们常觉得，助人本身就是回报，但这不是真的。助人的回报是知道自己的帮助真的有效果，对他人产生了好的影响。

做到这些，求助成功的概率成倍增加。

做事靠谱，主动帮助他人。为他人增值，能做到这一点，距离遇见贵人也不远了。同时，我们要带着真诚与贵人交往。在交流中，很容易看出一个人是否真诚，如果太过功利性，没有人会愿意提供帮助。

管理启示

与贵人相互成就，遇见贵人的技巧，最后都绕回一点，那就是自己。无论贵人提供什么样的机遇，最终还是要靠个人本领。求助贵人的同时，自己也要做好准备。机会来临的时候，保证自己有接住机会的能力：

1）提高职业能力。是否真正熟悉所在领域、行业的业务，是否具备行业前瞻性的眼光，这些都是职场人士需要具备的职业能力。同时，挖掘自己在职业中的特点，清楚个人的定位也至关重要。

2）具备专业心理素质与职业素养。诚实本分，遵守规则，准时准点，这些好的职场品质会提高信誉，让人愿意共同合作，成为职业伙伴。

3）勇于接受挑战，不轻易放弃的心态。危急时刻勇于承担责任值得称赞，通常情况下这种任务一定是艰巨的，半途而废的后果不仅让此前所有的付出付之一炬，更容易给人留下难当大任的印象。

最后送上一句话："如果你想走得快，自己独行；如果你想走得远，与人同行。"

笔记39 如何提升团队的执行力

"小成功靠自己，大成功靠团队"，团队执行力是取得重

管理方法

大胜利的关键。

当一个计划一流但执行力二流的组织对阵计划二流但执行力一流的组织时,哪一方会获胜呢?答案是执行力一流的组织。

个人可以通过施展自身的主观能动性与单兵作战能力,去单打独斗完成任务,但是团队则需要组织内的所有成员的协同。正如华盛顿合作规律说的:一个人敷衍了事,两个人互相推诿,三个人则永无成事之日。多少有点类似于我们"三个和尚"的故事。

我们传统的管理理论,对合作研究得并不多,最直观的反映就是,目前的大多数管理制度和行业都是致力于减少人力的无谓消耗,而非利用组织提高人的效能。换言之,不妨说管理的主要目的不是让每个人做到最好,而是避免内耗过多。21世纪将是一个合作的时代,值得庆幸的是,越来越多的人已经认识到真诚合作的重要性,正在努力学习合作。

一个人一分钟可以挖一个洞,六十个人一秒钟却挖不了一个洞。个人执行力取决于个体本身的特质,而团队执行力则超越了个体特性,成了一种组织能力,一个更为复杂的系统。但是,这种组织能力是可以打造的。

打造团队执行力的四个维度

1. 做好基础工作

想要打造团队执行力,依次做好以下三项基础工作很重要:明确组织目标,明确团队职责,明确工作内容。

(1) 首先,必须明确团队的组织目标是什么

因为组织是因目标而存在的,达成目标是组织也就是团队的使命所在。比如对于互联网产品运营团队来说,拉新、留存、促活就是其主要工作目标;对于销售团队来说,达成既定的销售收入就是其主要目标;对于品牌公关团队来说,让公司或旗下核心产品更具有市场知名度、美誉度就是其主要工作目标。

(2) 其次,必须明确团队的工作职责是什么

组织目标确定了后,团队的工作职责自然也就更加清晰,那就是围绕着如何达成组织目标各个团队成员应尽的责任,这时候就涉及组织的岗位设置与职责分工的问题了。

(3) 再次,必须明确团队的工作内容是什么

在团队的工作目标与工作职责都明确好后,最后一项基础工作就是要把每个岗位为了实现岗位目标该要履行的工作职责,具体化为工作内容,而工作内容必须具体到可执行的程度,即把工作的颗粒度最小化。

以互联网产品运营团队为例,比如:运营推广岗位主要

管理方法

负责拉新,那这个岗位员工的主要工作内容就包括策划用户推广方案并推动执行,寻求应用市场免费的首发资源合作,洽谈应用市场低成本的广告位提升下载量,策划并开展线下地推活动拉新下载,采用各种软文推广等一切可以有效获取新用户的方式和方法。

2. 设计组织结构

组织结构就是一个团队的组织体系。一个合理的组织结构可以大大增强团队的战斗力,这就好比足球场上每支球队的阵型,不同的排兵布阵会产生不同的效果,关键是合适就好。

(1)因岗定人,人岗匹配

团队的工作目标决定了工作岗位的设置,工作岗位承担了对应的工作职责,而工作岗位的工作内容性质又要求必须找到合适的人来负责,从而达到人岗匹配的目的。于是,因组织目标形成了要做的事,因事必须设置相应的岗位来负责,岗位又必须由合适的人来负责,一环扣一环。

(2)选人用人,分工合理

虽说千里马常有而伯乐不常有,但是伯乐也会有看走眼的时候。所以寄希望于一眼就能找对人才那还是有难度的,毕竟通过面试所能掌握的信息还是有限的,于是才有试用期一说。

管理者选到了自认为相对合适的人以后,才会同意试

第五部分　内外兼修的领导力

用。这时候就会面临一个新的问题，那就是应该把这个人放到哪个岗位上才更加合适，肯定不能把一个沟通能力很强但是文案能力不足的人放到市场策划岗位上去，但是他可能适合做商务BD，这就是分工的合理性。

（3）制定规范，明确标准

为了保证每个岗位的每个员工更好地完成工作任务，我们还必须让他们知道每一项工作内容的具体要求、规范、标准是什么，而这个"做规范、建标准"的工作必须由团队管理者来完成。同时，管理者也必须跟每个岗位的员工进行沟通，保证他们都清楚、认可，最终达成共识。

为了更好地完成目标，这个标准可以"夸大"一些。比如松井忠三在就任无印良品的社长时，提出的标准就是"请把95%的心力投注在最重要的课题上"。他每天耳提面命讲到嘴巴干的一句话就是："以前我们是计划95%、执行5%的组织，从今以后我们要成为计划5%、执行95%的组织"。

为了提高执行力，像他这样暂且先把话说得极端一点也无妨。松井忠三这么说是因为他觉得要考虑钟摆效应。摆动钟摆时，一开始钟摆摇荡的幅度最大，之后会随着时间越荡越小，最后在中间慢慢停下来。如果一开始只轻微摆动钟摆的话，一眨眼的工夫钟摆就会停下来了。不过，如果尽全力摆动钟摆的话，钟摆就能够长时间摆动。

管理方法

追求目标也是一样的道理。如果标榜"计划5%、执行95%"的话,最后通常都会成为计划50%、执行50%的组织。

所以,松井忠三常说:"钟摆要摆动得大一点。"

这种工作共识能够让团队的组织结构变得更加稳健,因为这是团队工作的"游戏规则"。只有定好的规则,才能做到按规则做事,按规矩办事。

3. 建立工作机制

现在是总目标定了,要做的事情也清晰了,分给谁来做也明确了,但是这些还并不能保证每个参与人都能认识到位、理解到位、执行到位。因为每个员工的能力和认知都是有差异的,甚至积极主动性也是有差异的。

所以,在如此多的差异条件下,如果团队管理者不建立起一套工作机制的话,人性的弱点就会乘虚而入,团队执行力肯定大打折扣。因此,管理者需要采取以下方法进行管控。

(1)分阶段执行,责任到人

有了总目标和分工还不够,团队管理者必须具备将总目标细分成一个个阶段性目标与小目标的能力,同时还要将这些小目标赋予一个个的责任人,必须保证每个小目标都有负责人,每个员工都有负责的小目标,这样才能充分发挥团队的人力资源价值,做到人尽其才,事有所为。

更关键的是,让每个员工明白团队对他的要求与期望,以激发他的责任感与主观能动性。

（2）通畅流程，监督到位

团队执行力是个人执行力的联合体，是一个系统协调的问题，必须以一定的规则、秩序和节奏进行协同才能形成合力，使得整体效应大于个体效应之和。为了保证协同有序，提高效率，我们就必须事先对工作流程进行梳理与排序，哪些是可以并行开展的，哪些是有先后顺序的，以及前后两个相邻环节之间可能存在哪些问题，该如何处理，都需要进行明确。

同时，我们还要对工作流程及各环节加强事前与事中的监督管理，不断优化流程管理与监督机制，不让员工心存任何侥幸心理，实现以制度管人。

（3）充分授权，激励到位

团队管理者必须在给员工明确责任的同时，也要做到充分授权，给员工以工作的自主性及对应的决策权。另外，一定的责任必须对应一定的奖励，真正做到责权利相匹配。

一旦员工完成既定目标后，必须及时进行奖励，让他获得尊重与认可，以激发他们的工作热情与积极性。如此一来，团队也就有了提高执行力的持续动力。

（4）检查与复盘

可以说，"检查"是团队管理之父，"复盘"是团队管理

管理方法

之母。

所有项目结果的推进,都需要检查来控制,所有员工的信任也源于"检查"。只有及时检查,管理者才能发现员工的优缺点,针对优点进行鼓励,针对缺点、弱点进行帮扶,让员工更高效地工作。检查的方式,可以通过查看员工写的日报、周报,与员工进行面谈等方式进行。

"复盘"可以帮助员工形成反思的习惯,不断提升迭代,做到"日日为攻,水滴石穿"。管理者带领团队复盘可以通过以下方式:回顾团队目标、评论结果、分析原因、总结经验,让团队制定出更优化的工作方法,进而形成标准化动作。

4. 培育团队文化

团队需要有自己的价值评价标准和共同坚守的理念,需要在一些精神层面为全体成员所共同认可的原则,我们可以称之为团队文化。这是一个团队区别于另一个团队的最本质的东西。

我觉得以下三点很重要,这些也是自己经过多次管理实践迭代后觉得比较好的文化。

(1)信息公开,规则透明

在团队内部进行充分的信息公开可以大大降低成员之间的沟通成本,因为信息不对称的成本代价是高昂的。此外,这还有一个好处就是能够增强上下级与同事之间的信任感,因为信任，所以公开，反之亦然。同时，信息公开也就意味着在团队内部一切是透明的，包括规则。

于是，每个成员如果犯了错，没做好，那就没有了推卸责任的借口，就必须按既定的游戏规则办事，就必须为自己的错误承担相应的责任，一切按规矩来办。

（2）团结友爱，互帮互助

一个团队必须有团队精神。好的管理者，必须创造条件把团队成员凝聚在一起，同时还要明察秋毫，坚决杜绝小圈子、小山头与本位主义。无论何时何地，团队成员之间如果都能做到团结、友爱、分享、互助，视彼此为简单可依赖的战友，那么，当团队面对共同的目标或挑战时，就能拧成一股绳，做到齐心协力，就能在队友遇到困难的时候，义无反顾地伸出援助之手，相互补位，互帮互助。也会在队友取得成绩的时候，真心向他祝福，替他高兴。

（3）按章办事，赏罚分明

定了规矩，就必须执行，管理者不能因为人情面子就放弃了该有的原则。一旦发现员工有不遵守规章制度或工作规范的地方，管理者必须第一时间站出来进行批评指正，并且严格按照既定的规则进行处罚，让员工知道利害关系，孙子斩美拜将的典故就是很好的案例。

因为我们之前已经说过，所有的信息都是公开的，规则

管理方法

都是透明的,这是事先大家达成了共识的,那么员工也必须遵守契约精神,不得推辞。这些跟面子无关,但关乎制度的严肃性与有效性。管理者要确立自己的威信,团队要形成自己的纪律,就必须如此。

管理启示

执行力不是一朝一夕就能获得的,管理者需要在建立信心、深度思考的基础上制定团队作战策略,同时与团队成员进行有质量的对话,持续追踪工作质量和进程。

笔记40　二八法则:重点培养公司的核心人才

"二八法则"应用在人力管理上,就是找出目前企业赢利的核心员工或团队,充分关注他们并找出自己没抓住的环节加以解决以保持和提高创造力。

美国企业家威廉·穆尔在为格利登公司销售油漆时,头一个月仅挣了160美元。他感觉非常纳闷。于是他仔细分析了自己的销售图表,结果发现他80%的收益却来自20%的

第五部分 内外兼修的领导力

客户,但是他之前却对所有的顾客花费了几乎同等的时间,他明白这就是他失败的主要原因。于是,他重新制订销售计划,把他最不活跃的客户重新分派给其他销售人员,而自己则把所有的精力都放在最有希望的几个客户身上。通过这个方法,他的月薪一下子就突破了1000美元。后来,穆尔一直沿用这个法则,这使他最终成为凯利—穆尔油漆公司的董事长。

穆尔所用的法则就是"二八法则",它是19世纪末20世纪初意大利经济学家巴莱多发现并提出来的,因此又被称为巴莱多法则。巴莱多指出,在任何一组东西中,最重要的只占其中一小部分,约20%,其余的80%尽管是多数,却是次要部分。

同样,在人力资源管理中,"二八法则"也具有重要的指导意义。学会运用这一法则,企业就可以以较小的人力成本来实现较高的效益。

在企业的人力资源管理中,我们常常发现"二八法则"的存在。例如,我们惯常的观念是,为企业的发展做出主要贡献的是公司的大部分员工。实际上,大部分员工(80%)看起来都很忙碌,但并没有为公司创造多少业绩;为企业或公司做出主要贡献的其实是小部分员工,是这20%的员工为公司创造了大多数利润。因此,领导者一定要抓好这20%的核心员工。

管理方法

三国时期,刘备兵微将寡,难成气候,而他最后之所以能成就三分天下的霸业,正是抓住了诸葛亮这位"核心员工",这位核心员工不仅没有令他失望,还为他的"公司"创造了巨额的"利润",成就了三分天下的霸业。

可见,企业中确实有很多岗位,但真正起重要作用的却是少数的关键岗位,如总经理、营销总监、各位部门负责人、关键岗位技术负责人员等,这些岗位人员在企业发展过程中担负着企业发动机的作用,是否对这些岗位人员进行重点培养或照顾决定了企业的兴衰成败。

识别核心人才

在企业中,往往是20%的人才创造了80%的效益。毫无疑问,这20%的人才算得上是企业的核心人才。在产品、技术、渠道等竞争因素趋于同质化的情况下,人才成为企业之间差异化竞争的焦点,而创造了企业80%效益的核心人才,更是成为企业竞争的灵魂。

因此,管理层首先要做的,最重要的事是清晰地界定"核心人才"。如果该定义包含"高潜力",则管理层必须回答这个问题:哪方面的潜力?还需要认真制定出"核心人才"区别于其他员工的具体标准,并且在企业内要始终如一地执行,来确保能识别出真正的核心人才。

核心人才不仅具有企业人才的特点还具有其特殊性。核心人才具有比其他员工更强的竞争性，必须建立有利于人才彼此进行合作的创造性方式。

培养核心人才

彼得·德鲁克说：核心人才不能被有效管理，除非他们比组织内的任何其他人更知道他们的特殊性，否则他们根本没用。因此，一旦识别出核心人才，需要回答的重要问题就是如何深度绑定并培养这些人才。

要想留住核心人才，企业必须设计与之相关联的薪酬体系，体现出差异化且要注重公平性。而且，管理层应该考虑采用各种薪酬支付方式，设计差异化的薪酬，来降低竞争对手挖墙脚的机会。

核心人才同样很关心他们的发展和提升机会。管理层需要为每个核心人才制订发展和继任计划，而且也需要告知核心人才他们所面临的发展和提升机会。

二八法则在核心员工管理中的应用

许多企业都面临着众所周知的管理困境：一方面冗员问题使得企业的包袱越背越沉，人工成本不断攀升。另一方面，核心员工的大量流失严重地削弱了企业的核心竞争力，这使

管理方法

得企业在残酷的市场竞争中处于被动的局面。业绩优异的核心员工离职，往往会给企业造成无法挽回的损失，段永平当年的出走成就了一个"步步高"，却使"小霸王"陷入了困境。所以，一旦发现核心员工有离职倾向，管理者能够挽留一定要尽力挽留。

当然，核心员工一旦决定离职，科学地进行离职管理工作就显得尤为重要。

现在有一种提法，叫作建立与离职员工的"终身交往"，对于企业来说，过去那种"终身员工"无论对企业还是对员工来讲都不大现实，只有把离职的核心员工当作终身的朋友去主动交往，当作珍贵的资源去加以利用，才能帮助企业发现存在的问题，促进企业改进管理。

核心员工离职管理的具体做法从员工提出离职开始，第一步，建立离职面谈制度，在离职面谈之前，可采取一些保留措施，如果企业能够满足核心员工的各种合理要求，应尽量满足以留住核心员工。当然，如果核心员工的离职主意已定，一定要建立离职员工面谈记录卡，将面谈的内容用规范化的表格保存起来，作为企业的人力资源档案。第二步，在核心员工离开企业以后，保持电话和信件的密切联系，把公司的新信息、新发展及时告知已经离职的核心员工，让他们有一种归属感，并鼓励他们"好马也吃回头草"，欢迎他们随时回到企业来工作。

总之,我们对企业的核心员工,要结合二八法则,从岗位安排,薪资设定及离职管理等方面做好核心员工的各项人力资源管理工作。

如何激励核心人才

在企业如何激励核心人才的问题上,我们首先要考虑从核心人才的特点上着手进行激励,这就要求公司要了解他们希望得到什么、有什么样的需求,公司可以帮助或是指导他们的职业生涯设计,以促进其职业生涯的实现。

对核心岗位上的核心员工来说,福利待遇是基础,对他们而言,更重要的一是社会认同感,二是自我实现。因此,只有对核心员工提供满足这两种需要的条件或机会,才可能产生有效激励。这些条件或机会主要包括:获得荣誉、提升地位、受到尊重;分享决策权、管理权;进修提高业务水平;确定的、令人满意的个人职业发展计划;发挥潜能、实现个人价值;等等。

正确的激励是人力资源管理的关键之所在,正如美国哈佛大学的管理学教授詹姆斯所说,如果没有激励,一个人的能力发挥不过20%～30%,如果施以激励一个人的能力则可以发挥到80%～90%。

管理方法

通用电气公司的领导者始终认为奖励是第一位的，它的薪金和奖励制度使员工们工作得更快，也更出色，但只奖励那些完成了高难度工作指标的员工。

当然，不同员工能被激励的方式不同。例如核心人才比较重视拥有自主权及创新的工作环境，以及工作与私生活的平衡及事业发展的机会，公司不能以相同的方式激励所有的员工，在拟定每一个激励计划前，应当先花时间了解各层次员工之间的不同需求，才能起到事半功倍的效果。

如何留住核心人才

在任何一个公司中，都有一少部分人从事着重要的工作。他们或是掌握着公司的核心技术，或是承担着开拓市场的重任，或是公司经营项目的决策者。离开了他们，公司寸步难行。他们就是决定企业前景的核心员工。就连微软前总裁比尔·盖茨都曾经开玩笑地说：谁要是挖走了微软最重要的几十名人才，微软可能就完蛋了。

盖茨的玩笑提示了一个重要的市场规则：企业能否留住并重用核心员工，将是一个企业持续成长的决定性因素，因为核心员工是一个企业最重要的战略资源，是企业价值的主要创造者。

（1）必须加强对核心人才的再造。随着社会的飞速发展，知识的不断更新,核心人才以往所学到的知识折旧缩水,一次培训学到的知识可持续一段时间,如果他所学到的知识或是技能在长时间得不到提升,或是在寥寥无几的培训中,所得到的知识或技能有限,那么,他在企业中简单地输出或付出的同时,自身价值会不断折旧,因此,对员工进行系统科学的培训,是企业间人才竞争的要求,也是员工实现其自身职业计划的必要条件。

(2)良好的工作环境和自由的发展空间。工作环境对于员工来说是很重要的,而工作环境又包含很多,比如,办公环境,工作中的人际关系,同事之间的融洽程度,信任程度等。我们一直向往有一个和谐良好的人际关系,大家都能在信任与融洽的工作气氛中做事,员工与员工之间,员工与上级之间的有效沟通,畅通的信息能达到上传下达的作用,这样可以减少工作中的失误,对于出现的问题能做到及时解决和改进。

(3)用企业文化留人。每一家企业都有其生存的主旨,或者说是灵魂,这种主旨或灵魂就是企业内在的文化,这种无形的企业文化对员工的影响比用条框规划出来的影响强百倍。

(4)用优厚的薪资吸引人。只要一个企业的薪资优厚,对人才就具有吸引力,员工的离职率就低。优厚的薪资当然

管理方法

重要,但是许多其他的事物同样是激励员工的要素,例如奖赏公平、工作具有发展性等。

如果公司想要留住核心人才,不能只期望通过劳动合同或择业限制来约束,更要以真心待人,设定正确的战略目标、建立完善的激励制度,公正地评价每位员工,公平地给予报酬,让良好的激励制度在公司内部生根发芽。

管理启示

二八法则不仅在经济学、管理学领域应用广泛,它对我们的自身发展也有着重要启示,让我们学会避免将时间和精力花在琐事上,要学会抓主要矛盾。一个人的时间和精力都是非常有限的,要想真正"做好每一件事情"几乎是不可能的,要学会合理分配我们的时间和精力。要想面面俱到还不如重点突破。把80%的资源花在能出关键效益的20%的方面,这20%的方面又能带动其余80%的发展。

笔记41 弗里施法则:先让员工满意,才有客户满意

据某餐饮企业的调查显示,员工满意度每提高3%,顾客

第五部分 内外兼修的领导力

满意度就提高5%，而利润可增加25%～85%。显然，"员工满意"和"客户满意"不是先有鸡还是先有蛋的问题。

我们经常听到企业管理者向员工强调："客户是上帝，你们要时刻把客户放在第一位。"与此同时，他们却忽视了员工的利益和感受。一边是不断向员工施压，不断侵占员工的利益，一边是要求员工无条件爱客户，用心对待客户。在这种情况下，员工怎么能保持好的心态对待客户呢？相反，员工可能会把从管理者那里受的气发泄到无辜的客户身上，使企业失去客户的好感和支持，渐渐地把企业的命运葬送掉。

对于这种较为普遍的现象，德国慕尼黑企业咨询顾问弗里施提出了著名的弗里施法则，主要内涵是：有了员工满意，才有客户满意。

在一条完整的服务价值链上，服务产生的价值是通过人，也就是企业的员工在提供服务的过程中体现出来的。员工的态度、言行也融入每项服务中，并对客户的满意度产生重要的影响。而员工是否能用快乐的态度、礼貌的言行对待顾客，则与他们对企业提供给自己的各个方面的软硬条件的满意程度息息相关。因此，加大对员工满意度与忠诚度的关注，是提升企业服务水平的有效措施。

企业光靠优厚的薪金、稳定的福利，很难长久地留住员

管理方法

工,让员工为企业勤恳工作。只有想办法让员工热爱工作,在工作岗位上越做越开心,企业才能很好地发展下去。如何让员工在工作岗位上越做越开心呢?

以员工的幸福为企业目标

稻盛和夫表示他认同这样一句话:只要你爱员工,员工就会爱客户。他认为,如果一个企业失去了员工的支持,管理者一个人绝对无法把企业经营好。因此,管理者一定要把员工的幸福定为企业目标,为员工的幸福而努力,这样员工才会友好地对待客户,公司和股东的利益才会有保证。

稻盛和夫是这么说的,也是这么做的。就算面对极端的情况,他也不忘对员工表达关爱。

2010年,稻盛和夫接手日航。面对这个烂摊子,裁员似乎是必须的。但是最终的结果是,稻盛和夫没有裁员,而且至今为止,在约1.6万名离开日航的员工中,只有160人是被裁的,绝大部分员工是随着子公司的剥离而离开日航。

接手日航之后,稻盛和夫通过自己的言行,不断把"爱员工"的意识输入员工的大脑。

他从来不命令员工应该怎么做,而是心平气和地告诉员工,为什么要这样做及这样做能取得什么样的效果。这种领导方式非常受员工的喜爱,大家心服口服,发自内心地听从

第五部分　内外兼修的领导力

他的领导。与此同时，作为日航的董事长，稻盛和夫却请求零薪酬。他每周工作五天，每次都乘坐日航的经济舱。在旅途中，他利用一切机会和空姐交流。渐渐地，他发现大家的声音越来越充满感情……一位中国籍的日航空姐表示："我们在为乘客服务时，对客人怀着感谢、抱歉的心情……"最终，日航快速走出了困境。

从稻盛和夫带领日航走出困境的过程中，我们可以发现：公司能善待员工，员工自然就会提供超乎想象的服务给客户。

家喻户晓的火锅店"海底捞"也是运用这个策略，让它成为火遍全球的火锅店。"海底捞"的成功主要是提供超乎想象的服务，这些好服务都来自员工的真心。因为公司都有一套善待员工的机制，让他们甘心为公司付出，把公司当作是自己的家庭，非常有归属感。

在海底捞，利润链甚至是与员工满意度挂钩的。它的服务利润链由以下几个循环构成：员工能力循环、员工满意度循环、顾客忠诚度循环、企业盈利循环。以企业盈利循环为主线，四个循环之间又相互作用。其服务利润链的循环是：企业对员工好——员工有干劲——员工对客户好——客户体验良好——忠诚顾客再次消费和口碑推广——企业获利。

管理方法

进行员工体验管理

"爱员工"仅仅有口号和理念是不够的,要对员工的体验进行全方位的管理。

盖洛普咨询公司的研究显示,员工投入程度位居前段25%的工作场所,顾客评分会比员工投入程度位于后25%的企业高出10%、获利能力高出22%、生产力高出21%,员工离职率、缺席率及安全事故等也都较低。

因此,相较于客户与品牌的接触,提高满意度后再次被吸引购买产品的全方位体验,近期也被复制到员工关系上。而员工体验管理就是员工在潜在应聘、在职或离职等过程中,企业持续地收集每位员工的亲身感受,进而提高员工参与及对工作的使命感。

共享旅游民宿平台爱彼迎Airbnb算是个中好手,其设置全球体验长的职位,把顾客体验的成功经验用在员工体验上,将员工视为内部客户,以周到及同理的态度对待,甚至做到连裁员也要留住人的心!

企业管理中一些行为之所以让员工感受不好,并不是行为本身有什么问题,而是缺少沟通从而没有照顾到他们的感受。如果及时真诚沟通,再大的问题也不是问题。

美国Power Home Remodeling凤凰城旗舰办公室,是一家年营业额约5.3亿美元的中型企业,新冠疫情暴发后,

第五部分　内外兼修的领导力

在不得已的情况下它让超过85%员工（约2200人）强制无薪放假。为了了解员工对此举的真实感受，管理团队请美国一家专攻企业文化及员工策略的顾问公司Energage合作，进行员工意见调查，在宣告此重大决定后的72小时内，领导层清楚地了解员工对决定的感受、是否理解从现况中所看到公司的未来，及哪些员工群体最能感受到被支持和最不被支持。

调查显示，98%的受访者认为公司虽面临危机，但领导层容易亲近下属员工的心声，也很愿意听取他们的意见、96%的受访者表示支持。此调查更确保公司警急应变小组的有效运作，将有限的资源集中在最需要额外关注的员工群体上。

管理启示

经营企业的本质，是经营自我，因此你是什么样的企业家，是什么样的管理者，注定了你会造就什么样的企业。稻盛和夫曾说过"心灵造就伟业"，指的就是企业是由经营者的内心造就的。因此，如果你想企业有美好的前途，就必须用美好的心灵去经营，用爱心做事。

第六部分　聪明地工作

"聪明地工作"比"努力地工作"有更高的回报！小说家弗兰兹·卡夫卡曾说，生产力就是做到从前做不到的事。如何才办得到呢？光靠努力是不够的。你必须重新思考做事情的方法。你必须"聪明地工作"。

笔记42　一个员工不能有两个老板

宁愿要一个平庸的将军带领一支军队，也不要两个天才同时领导一支军队。

——拿破仑

森林里生活着一群猴子，它们每天过着"日出而作，日落而息"的幸福日子。有一天，一名游客穿越森林，把手表落在了树下的岩石上，被猴子悟可捡到了。聪明的悟可很快就搞清了手表的用途，于是，悟可成了整个猴群的明星，每

管理方法

只猴子都向悟可请教确切的时间,整个猴群的作息时间也由悟可来规划。悟可逐渐建立起威望,当上了猴王。

做了猴王的悟可认为是手表给自己带来了好运,于是它每天在森林里巡查,希望能够捡到更多的手表。悟可还真的守株待兔到了第二块、第三块表。但悟可却有了新的麻烦:每只表的时间指示都不尽相同,哪一个才是确切的时间呢?悟可被这个问题难住了。当有下属来问时间时,悟可支支吾吾回答不上来,整个猴群的作息时间也因此变得混乱。

过了一段时间,作息时间被打乱的猴子们变得非常暴躁,于是众猴起来造反,把悟可推下了猴王的宝座,悟可的收藏品也被新任猴王据为己有。但很快,新任猴王同样面临着悟可的困惑。

这就是著名的"手表定律":只有一只手表时,你可以确切地知道时间;拥有两只或更多的手表时,却无法确定时间。两只手表并不能告诉人们更准确的时间,反而会让看表的人失去对准确时间的信心。这个定律的提出者是英国心理学家 P. 萨盖,因此该定律也叫作萨盖定律。

在哈佛大学,曾发生这样一件意义深刻的事情:有一年,一群意气风发的天之骄子从哈佛毕业了。在临出校门时,哈佛在这批毕业生中选了一群智力、学历、环境条件都相差无几的,对他们进行了一次关于人生目标的调查。结果是这样

第六部分　聪明地工作

的：27%的人，没有目标；60%的人，目标模糊；10%的人，有清晰但比较短期的目标；3%的人，有清晰而长远的目标。

25年后，哈佛再次对这群学生进行调查。结果是这样的：3%的人，25年间他们朝着一个方向不懈努力，结果几乎都成为社会各界的成功人士；10%的人，他们的短期目标不断地实现，成为各个领域中的专业人士，大都生活在社会的中上层；60%的人，他们安稳地生活与工作，但都没有什么特别成绩，几乎都生活在社会的中下层；剩下的27%的人，他们的生活没有目标，过得很不如意，并且常常在抱怨他人，抱怨社会，抱怨这个"不肯给他们机会"的世界。

事实上，造成这样悬殊命运的原因仅仅在于：25年前，他们中的一些人知道自己要做的事，为自己树立了一个明确的奋斗目标，而另一些人则不清楚或不很清楚，并且在以后的生活中，在对目标的选择上陷入了手表定律的误区。

有位哲人曾说过："人不可能同时踏入两条河流。"一个人或是一个企业都是如此，我们必须像前面那13%的成功者一样，做出方向的选择，同时还要学会舍弃其他的选项，否则自己的行为会陷于混乱。

手表定律对管理者的启示

手表定律带给我们一种非常直观的启发：同一个人或同

管理方法

一个组织不能同时采用两种不同的方法，不能同时设置两个不同的目标，甚至每一个人不能由两个人来同时指挥，更不能同时采用两种不同的管理方法，否则将陷于混乱而使这个企业无法发展。

当企业管理中出现了"手表定律"，就会出现无序状态，产生抱怨情绪，影响企业正常运转。现有数据表明，70%的跨国并购是失败于并购后的文化整合。每一次跨国并购前，企业管理层优先考虑的应该是两家企业文化能否融合，这至关重要。试想两种冲突的企业文化价值标准会直接导致企业管理策略的混乱，员工若搞不清楚企业的走向、形式标准是什么，怎么做都会乱套。

美国在线与时代华纳的合并就是一个典型的失败案例。美国在线是一个年轻的互联网公司，企业文化强调操作灵活、决策迅速，要求一切为快速抢占市场的目标服务。而时代华纳在长期的发展过程中建立起强调诚信之道和创新精神的企业文化。两家企业合并后，企业高级管理层并没有很好地解决两种价值标准的冲突，导致员工完全搞不清企业未来的发展方向。最终，时代华纳与美国在线的"世纪联姻"以失败告终。这也充分说明，要搞清楚时间，一块走时准确的表就已足够。

第六部分　聪明地工作

如何克服手表定律

1. 制定出的目标一定要明确。美国皮京顿公司总裁A.皮京顿提出：人们如果无法明确工作的准则和目标，他必然无法对自己的工作产生信心，也无法全神贯注。

2. 绩效考核时一定要按照既定的绩效目标来进行，千万不能临时随意变更，否则，员工很容易对公司的大政方针产生疑惑，进而对公司失去信心。

3. 管理制度一定是对事不对人，即一视同仁，要"制度面前人人平等"。

4. 在管理运作方面，"一个上级的原则"一定要遵守，否则必然会引起混乱。

5. 一个企业组织也不应该出台两个相互矛盾的标准。

6. 没有判别正误的标准就会陷入两难选择。就像一个人不能判别哪一块表的时间是正确的时候，他将陷入困惑。

7. 一个组织不能由两个以上的人来同时指挥，而且指挥的方向又不一致，这将使这个组织无法正常运转。

当管理层之间出现意见不一致的情况时如何处理呢？我们可以参考贝索斯的处理方法。有时上下级之间会有不同意见，下属想以一种方法做事，而上级则认为应该采取另一种不同的方法。这种情况下，通常高层主管应该率先保留不同意见，但坚决执行工作，这对我来讲是家常便饭。我们会为

管理方法

某些事争论，一小时、一天甚至一星期，最后我会说，我非常反对这件事，但你手上掌握着更多的实际证据，我们就用你的方法做事，我发誓绝不会马后炮。而且他说这么做效果非常好。

8. 规律是死的，但事情是千变万化的，执行的人是活的，一定要根据不同情况灵活运用，而不能一味地生搬硬套。

管理启示

手表定律在企业经营管理方面给我们的启发，就是对同一个人或同一个组织的管理不能同时采用两种不同的方法，不能同时设置两个不同的目标。甚至每一个人不能由两个人来同时指挥，否则这将使这个企业或这个人无所适从。手表定律所指的另一层含义在于每个人都不能同时挑选两种不同的价值观，否则，行为将陷于混乱。

记住尼采的话："兄弟，如果你是幸运的，你只需有一种道德而不要贪多，这样，你过桥更容易些。"佛教《百喻经》中也有这样一个类似的故事：一条两头蛇，左头要向左游，右头要向右游，无法行走，结果掉落油锅中烫死了。当面临多块手表时，我们要果断扔掉多余的手表，只留下一块，只选择一个导向。

第六部分　聪明地工作

笔记 43　让同事信赖的自我修炼

这个世界是个属于赢家的世界，就算你不是一个赢家，好歹你要有赢家的样子。这里说的赢家不是比赛中的胜利者，而是在社会形象上能够被辨认为"可信赖者"的符号。

"相信我。"这句话似乎已经被人用烂了，几乎变得毫无意义。当然，所有人都渴望被信任。这不能仅仅停留在口头上，还要落实到实际行动中。

在职场上，如何让"相信我"变得言之有物？我们可以做好两方面的修炼，一是语言上的修炼，说真诚的、有链接能力的语言；二是行动上的修炼，做靠谱的人，行靠谱的事。

8 句应该多讲的句子

领袖培训机构创办人马瑟尔·史旺提综观近年实务管理相关文献，发现许多主管十分重视"信任感"，认为团队之中的信任感能提升员工参与度、使团队合作更顺利，最终对生意发展有助益。如何提升同事之间的信任感呢？

马瑟尔·史旺提认为，重点就在于妥善沟通，并且选对用词。若常用特定语句，的确可以搭起同事间桥梁，史旺提在《Inc》杂志的一篇文章中，分享了与同事沟通来往时可

管理方法

以多讲的句子：

1. "这是我的疏忽。"

人都会犯错，承认自己的疏失是能快速提升信任感的关键。神经经济学家保罗·J. 札克曾说，有缺陷的人比完美的人更有魅力。

2. "你的（某工作成果）表现对我们来说很重要。"

认可同事完成了艰巨任务可大大激励对方，同时能表达你在关心其工作情形。关键在于必须夸奖对方特定的工作表现，这才能让赞美的话更有说服力、影响力。

3. "我觉得你处理这事的方式很好。"

这跟赞许工作成果不同，它是夸奖同事的领导能力及个人特质。例如："我认为你上周那件事做得很好，你并未惊慌指责别人，反倒冷静、自信地处理危机，这种态度让团队很快想出对策，不再出错。"

4. "我想听听你对某事的意见。"

有人认为求助、咨询他人意见会显得自己很没竞争力，其实不然，研究显示懂得聆听别人建议，反而凸显自己的谦逊及领导特质，表达出对别人的重视，更能与人建立信任感。

5. "我相信你的判断。"

信任是双向的，你要相信同事的判断力，同事才会信任你的眼光，告诉同事你相信他能用自己的方式好好完成任务。

6."没你我真的做不到。"

如果你因为同事的帮忙，才能有某番成就，最好别忘了说这句话。而且，这句话最好公开讲，让同事获得应有的表扬。

7."真高兴见到你！"

这是句很温暖的见面用语，显示你重视对方现身，但切记搭配适当的肢体动作与语调，否则效果可能打折。

8."我可以怎么帮忙？"

当团队面临工作死线、压力急剧升高时，这句话能够和缓紧张，并凸显你对同事的支持，未来便可激起涟漪，开启互助风气。

总之，领导力专家史旺提认为，提升同事信任感的重点是在沟通中放下自傲和身段，与同事沟通时使用一些特定语句，增加彼此的信任。

3个行动锦囊

俗话说，行胜于言，这在职场中也不例外。

1. 了解同事

职场中，获得信誉的第一个锦囊是：了解同事。

工作中，要先了解同事，知己知彼，这样能减少沟通时间和不必要的麻烦。比如对方是什么性格，喜欢用什么方式沟通，工作该如何分工等，进而再调整与对方合作的方式。

管理方法

陈枫是一家公司售后客服人员，相比其他同事，陈枫工作效率高，客户满意度也更高。一次，领导会上点名请陈枫分享经验，让大家学习。原来，陈枫在业余时间学习了沟通课程，在与各部门协调沟通中，对不同同事，采取不同对策，工作起来自然事半功倍，因为她知道对方的需求和性格。

对于性格稍微急躁的人，陈枫会优先处理，减少对方的焦虑。对于性格舒缓的人，陈枫还会和对方讲具体原因和处理方法。这样一来，加快了整个售后流程，也为减少工作量打下良好基础。不管是其他部门同事，还是部门领导，都很信得过陈枫。

2. 信守承诺

职场中，获得信誉的第二个锦囊：信守承诺。

答应他人之事，必须将其完成，并及时反馈给对方。还有很重要的一点是"诺不轻许"，否则完不成也会破坏你的信誉。承诺前，你可以先看看主观能力和客观条件再做决定。

何辉是职场中典型的"老好人"，不管谁请他帮忙，他都满口答应。最后，他加班加点也完不成。久而久之，大家不再信任何辉。而李静在办公室，看上去人缘没有何辉好，但大家都很尊重她。有竞选机会时，大家也愿意投李静。因为李静平时专注于做自己的事，做好自己的工作后，看到其他同事有需要帮忙的，就去帮助他人。最重要的是，遇到自己不擅长的事情，李静也会婉转拒绝。在大家印象里，李静是一个雪中送炭的恩人，何辉是一个锦上添花都做不好的小丑。

3. 主动帮你所能

职场中，获得信誉的第三个锦囊：主动帮你所能。

职场中，各司其职是工作本质。但若看到其他同事有困扰，你能主动尽力协助，会帮你积累好人缘，还能获得对方信任。

晓晨大三就凭优异在校成绩，在一家上市公司实习做市场助理。由于自己不是名牌大学生，晓晨很担心自己会在众多竞争者中被刷下来，所以她每天都很早到公司，勤勤恳恳工作。一天，老同事李然因为感冒影响了工作进度，下班时还在加班，本要下班的晓晨主动过去帮忙，这让李然很感动，在此后工作中李然经常帮助晓晨，晓晨进步很快，也学到很多技能和处事方式。

最近，部门在赶工海外项目，天天集体加班。因每天早上来得早，效率高，晓晨完全可以按时下班。但晓晨则留下来帮大家订餐、打印文件等，和大家一起加班。三个月后，还没到考核期，晓晨优先获得了转正名额。

管理启示

职场上你与同事可以亦师亦友，但必须处理好与同事之

管理方法

间的关系，这样才能在职场中赢得信任，从而令自己有更高的工作效率，更有利于自己职场上的发展。不过，信任不会在一夜之间产生。重要的是我们要认识到信任是逐渐建立起来的，所以不要为了立即建立信任而过于咄咄逼人或做任何对你的个性来说太不寻常的事情。这些行动可能会产生相反的反应，并造成不信任。相反，要真诚，这样他们才会知道你说的和做的一致，你值得信任。

笔记 44　晋升不是越努力越幸运

　　这个方法能让你真正实现个人晋升，那就是让自己足够聪明，并且时刻帮助自己的老板更聪明。当你的老板希望你去做一件事情，比如调查出一个结果时，你不要仅仅给他一个结果，而是要针对问题，为老板展现一个更广阔的前景。

——杰克·韦尔奇

　　虽然说越努力越幸运，但在晋升这件事上没有这么简单。领导想提拔你，看的从来都不是努力。
　　你要升职，那你就要懂得老板用人的顶层思维是什么。

第六部分　聪明地工作

有人说:"只要我努力工作,就一定会被老板看见,就一定会升职加薪的。"我想说,如果你是这种思维,那你可能永远也无法升职加薪。你以为你的努力会被看见,实际上能被领导看见的永远是你创造了多少价值。如果你的努力,只是日复一日地低质量勤奋,那你迟早会被淘汰。

每个人都渴望升职加薪,但你要是搞不清楚职场的底层逻辑,在职场上走了弯路,那你99%的努力都是在浪费时间。

你一定要明白的升职加薪逻辑

老板愿意给什么样的人升职呢?升职的核心能力是你解决问题的能力,这是个综合能力。

首先,你的专业能力要强,因为只有这样你才能脱颖而出,走进老板的眼里。

其次,你的内心得强大,不会被琐碎的事情和情绪影响。

最后,你还要善于协同,公司组织都是网状结构,如果你还是点状思维,不知协同,就做不了管理者。

老板愿意给什么样的人加薪水呢?

加薪的底层逻辑,一定是岗位增值。什么意思呢?一样的岗位,你能让岗位增值,创造更大的价值。举个例子,你是做线上运营的,如果你只是和别人一样,日复一日地找选题,发推文,只关注浏览量和粉丝数,那你就很难涨薪;但

管理方法

是，如果你在写推文的过程中会有意加入一些营销软文、导向销售的成分，帮助销售部门成交，创造了收益，那你的岗位价值就不仅仅是个新媒体小编了。

所以，想要打破"不涨薪"的怪圈，你要做的就是实现个人能力的增值。

升职加薪虽然是两件事，但只要搞清楚了当中的逻辑，你就会发现，你要升职加薪实质上只需围绕一个核心去努力即可。这个核心即价值，你要证明自己的价值，提升自我的议价能力。

在企业中，价值即绩效。如何成为高绩效员工，创造价值？我想结合我过往十几年的工作经验，谈一下我的看法。我发现，较之于普通员工，那些升职加薪更快的绩效高的员工往往具有以下三个特点：

从职业素养层面：他们的内驱力很强，心性很坚韧，他们渴望得到成长，所以愿意主动去学习，接受新的知识。

从个人业绩层面：他们做事情目标很清晰，知道自己要做什么，怎样去高效地达成目标，拿到结果。

从团队协作层面：他们有共赢思维，知道借助众力来成事，很善于沟通，所以往往能通过众人的力量拿到结果。

我把这三点提炼出来，给高绩效的职场人做了一简单的画像，即心态好、干得好和协作好。而这就是决定你能否成

第六部分　聪明地工作

为高绩效员工的三个终极密码。

老板晋升时看重什么？

大多数老板在做出决定之前会考虑各个方面。他们不断评估绩效并跟踪改进。

1. 他们正在寻找那些自我启动的人

当经理在寻找潜在员工时，排在第一位的人是伟大的自我启动者。他们是那些在没有得到晋升的情况下自己出击的人。什么意思呢？就是那些按管理者或者自主创业者的标准来进行自我要求和塑造的员工会引起老板的注意。你一定要明白：不是你晋升了才要具备相应的能力，而是先要提高自己，达到管理者岗位的能力水平，才能得到晋升的机会。

2. 他们会做数字分析

管理人员会考虑各种因素，包括数字和统计数据，而且这些数据具有很大的权重。管理人员寻找可以通过某种方式衡量工作效率和影响力的个人。他们可以使用销售数字、同比绩效、客户服务分数和各种其他指标来做到这一点。

因此，如果你发现，你的工作不能用客观的数字或者案例来描述，那么，这对你的晋升，将是非常被动的。因为，这意味着对你的评价，完全取决于老板的主观感受——他感觉你不错，你就不错；他感觉你不行，你就不行。

管理方法

3. 他们检查谁承担责任

员工是否准备好晋升的另一个明显迹象是他们是否承担了更多的责任。

如果想脱颖而出,你可以有效地承担额外的工作,尤其是那些价值比较高而不是辅助价值的工作,同时可以在团队的建设中发挥更大的作用,如氛围的营造、帮助团队成员建立积极的沟通、分享自己的经验和特长帮助团队成员成长等。

同时,经理还将考察每位员工如何管理其职责。他们希望确保员工的绩效不会因为责任的增加而受到影响。

4. 他们寻找提供解决方案而不是抱怨的人

每个人都在抱怨,但只有少数人真正采取了行动。脱颖而出的员工能够提供解决方案并采取必要的行动来克服分歧。

当然,并不是说你永远不应该抱怨,而是确保你的正面评论和贡献多于负面评论和贡献。

5. 他们评估人的综合能力

晋升几乎通常需要花费更多时间与他人合作和／或管理他人。沟通、解决冲突、态度和其他人际交往能力对领导者来说都是至关重要的。管理人员寻找主动和领导主动、适当时委派或充当冲突调解人的人。

6. 他们寻找成长型的人

经理们希望看到有人认识到他们不是所有方面的专家。

他们正在寻找了解始终有改进和进步机会的员工。积极寻找在工作中学习的方法是展示这一点的最佳方式之一。

7. 他们征求反馈意见

管理者不会自己做决定；他们经常咨询绩效评估和其他主管，以更好地了解人们的表现。此外，他们会跟踪员工如何使用他们收到的评论。他们密切关注因讨论而有所改进和做出改变的员工。

另外，积极寻求反馈的员工也会被老板注意到。

多久才能升职？

关于晋升，有一个很残酷的真相，那就是：如果人们在职业阶梯上的上升速度不够快，他们就不应该在公司待太久。

反过来说，新到一个岗位，短期能做出出色业绩的人，更有可能被提拔。因为，你刚刚到一个岗位的时候，最能够观察到这个岗位的机会点，一方面激情还在，另一方面，大家也比较愿意接受新人带来的新气象。如果时间过得太久，你也慢慢地被周围的环境同化了。

所以一般来说，能给新岗位带来改变，以及自我成长的最佳时机，往往就是你初到这个岗位的前三个月。"好的开头是成功的一半"这个道理，也很适用于职场发展。

美国求职服务平台 ZipRecruiter 首席执行官伊恩·西格

管理方法

尔表示,处于职业生涯早期的员工应该每三年进行一次晋升。"如果你在三年后不升职,那就有问题了,"他说。

随着你职业生涯的进步,头衔更改的频率会降低,这个时候,你应该继续承担更多责任并拓宽你的技能组合。

有助于你获得晋升的提示

虽然每个组织的晋升标准可能不同,但以下有用的提示,可以助你成为一个强有力的候选人,提高你在工作中获得晋升的机会:

1. 增加你的价值

每个雇主都希望其员工为公司的价值做出贡献,因此有意识地努力提供价值是在工作中获得晋升的最佳方式之一。

你可以通过完成以下事情来提升你的价值:

- 提高你的能力,为你的组织提供越来越卓越的成果。
- 让自己接触更广泛的公司活动,让自己扩展知识、能力和经验,同时发现新的职业选择。

2. 关注新晋升员工

晋升最快的捷径就是向成功的人学习,深入了解公司里前几年获得晋升的一些人,在得到有效提拔的人中寻找共同的性格特征、成就和习惯。这些观察可以帮助你弄清楚你需要做什么才能在你的职业生涯中取得进步。例如,表现出良好社交技能并参加所有公司聚会的员工更有可能被某些公司提拔。如果你的工作场所就是这种情况,你就需要多参加社交活动并参加更多公司活动。一些企业不喜欢他们的员工单打独斗。在这种情况下,表现出协助团队计划的意愿将有助于你与主管或经理建立融洽的关系。

3. 成为一名导师

如果你有什么东西可以提供给你的同事,就和你的经理谈谈担任这个角色的机会。你可以指导公司的新员工,甚至可以指导将从工具或办公流程培训中受益的现有同事。如果你正在指导一名新员工,你有机会带他们参观办公室,并向他们介绍你的工作场所是如何运作的,从而建立信任。他们会依赖你来帮助他们驾驭他们的新角色。

当你的同事看到你的指导能力时,你也会与他们建立信任。通过观察你如何与他人合作,他们可能会对你的工作关系更有信心。

4. 主动出击

如果想知道上司对你的评价,可以学习松井忠三的做法。他的做法是主动制造机会,和那些跟上司比较亲近、较常交谈的人一起去吃饭喝酒。如此一来,他就能够顺其自然地在闲聊的过程中,听他们转述上司对他的评价。

你也可以开门见山,按照以下步骤,以最专业的方式向

管理方法

老板提出晋升的理由。

• 列出你的工作职责、成就及获得的技能和专业知识。

• 最好用数据或具体实例展示你的努力如何帮助公司运营,取得了哪些成果和提升。

• 明确表示你想在你的职业生涯中取得进步。

• 提出诸如"我今年会升职吗?"和"我怎样才能晋升到经理的位置?"之类的问题。对你的意图持开放和直接的态度。

为了最大限度地提高获得晋升的机会,在询问并遵循主管的建议时尽可能明确。

5. 展示你的领导能力

随着职业生涯的发展,你需要不断磨练自己的领导技能。以下建议可以帮助你晋升到领导职位:

• 成为团队中的引领者,为你的同事树立榜样,并通过在工作中的出色表现来获得他们的尊重。

• 向你的老板证明,只要有机会,你就可以领导和激励你的团队。

• 在每项工作中都表现出色,使自己成为公司不可或缺的成员,并且是晋升的最佳竞争者。

• 培养一些其他员工没有的品质,这些品质将帮助你成为更有效的领导者。

6. 识别并解决问题

每个组织都有效率低下的问题。主动解决这些问题可以帮助您脱颖而出，成为一名出色的员工或展示你的领导潜力。检查工作场所是否存在任何限制生产力、造成额外成本、危害员工安全或阻止组织实现其目标的情况，然后制定改进这些领域的策略。如果你决定在你的公司可能缺乏的领域采取主动，您可能比其他申请者更有优势。

管理启示

职场中升职确实不易，况且评判标准不一，但无论如何人的时间成本，才是最高的成本。把时间投入一份工作、一份事业中，是个人在职场中最昂贵的投资。如果抱着"为自己工作"的心态和目标，而不是简单地用时间和劳动换取报酬，做出成绩，做出案例，会让你的单位时间和劳动价值快速增加。

笔记 45　职场沟通礼仪

不论当面对谈，或用微信、E-mail、通信软件，"工作

管理方法

沟通"不仅是职场上个人的软实力，更是一间企业永续经营的重要竞争力。

江苏卫视金融职场观察真人秀《闪闪发光的你》第十期中，实习生苏俊鑫在和客户莫总沟通工作时，使用了长语音消息，这个小细节引发了闪光投资人的讨论。发超长的语音消息，不带感情地冷漠回复消息，有时间发朋友圈却没有及时回复工作消息……都是职场微信沟通大忌。

"沟通"绝对是职场人最该具备的软实力，过去计算机未问世时，我们用面对面、书信洽谈合作，如今有微信、E-mail、通信软件的协助，商谈公事更为有效率。但是，科技的协作，不代表就能忽视工作沟通礼仪。

职场沟通礼仪为什么重要？

进入职场后，我们工作上难免犯些错误，有些冒犯无伤大雅，只是让个人专业形象打折扣；有些犯错却可能一夕之间，让公司损失好几千万！工作，每个人势必要学会职场沟通技巧。

观察职场上的成功人士，他们的成就往往奠基于重视细节中的魔鬼，因为重视每次沟通、联系、避免出错，个人品牌形象才逐渐在市场上建立起来。

第六部分 聪明地工作

以下 11 点建议,让你蜕变成一位善于沟通的工作者!

1. 注意每次沟通的用字遣词

不论是简报、文件或是通信软件的信息传递,用字选词错误、文法逻辑不通,往往造成阅读者的困难,同时给人不用心的评价。

"每次按下传送键前,若是重要文件,请同事帮你检查一遍,也可以在无人房间,大声朗读出来,感受语句的抑扬顿挫。"

若是常用的词汇,自己又经常会出错,不妨建立一个词汇清单,每次使用前先对照一下,或利用网络字典,再次验证正确性。

2. 坏消息尽量当面交谈

Email、通信软件让沟通变得方便,但不代表所有消息都适合在上面发布。

解雇、离职、取消合作……这些信息透过科技,无法真实传递当事人的语气、情绪,甚至是细微的肢体语言。为了避免曲解片面之词,或是降低误会的风险,这些都该透过口语表达、行为练习,让沟通这件事更顺畅。

3. 简洁得体

交流的内容要简洁得体。现在的交流软件上本来已经信息轰炸了,简洁的内容不会让对方产生压力。如我们通过微

管理方法

信等即时沟通软件沟通时，一是忌讳语音留言，二是忌讳直接拨打语音电话，这两种行为都非常鲁莽冒犯。正确的做法应该是，说句"你好"，然后就以有事说事的心态，简短地说清楚你想说的事情。这样，给对方足够的自由时间，来选择要不要回复你，或者如何回复你，让对方舒服。

4. 表达不同意见要有方法

开会中你一定经历过想表达反面意见，但怕伤和气而应声吞下的窘境。但不敢表达意见，导致工作问题一再扩大，是任何人皆不乐见的。如果在人多的情况下，你可以先求同存异，先肯定与对方观点相似的部分，然后再提个人想法，要强调是个人想法而不是建议，建议就有了某种否定对方的立场。

5. 对事不对人，态度勿太过武断

工作上难免遇到争论，有时自己过度断定跟坚持，会造成沟通上的阻碍。

协商、妥协是沟通最重要的技能，但这不代表你只能持有卑躬屈膝、悉听尊便的态度，而是向事件、任务说不，但同时维持良好人际关系。

6. 理性回应，勿情绪性反应

被冠上 EQ 差，是工作上最伤个人声誉的污名。因沮丧对同事叫嚣；因工作有难度四处抱怨；说主管坏话却传错群组,自我管理也是工作能力的考核项目之一,如何在工作中管理自己情绪,最好的办法就是管住嘴,碰到难以控制的时候就找到一个无人的空间冷处理缓冲。

7. 事前工作请准备充足

不论是开会、听简报,或是Email提案,最怕主讲人没有做足功课,造成一场低效率的会议灾难。为了解决此问题,首先拨出时间规划整场沟通所需的细节。

8. 同一套素材无法走遍天下

承接上一点,如果简报内容不是在公众会议上说明,应该针对不同听众,适时调整沟通内容及素材。有时在细微处,例如对方公司名、称谓、合作时间等细节,更要仔细检查。

9. 拒绝刻板印象,对任何人保持开放心胸

职场上的沟通,最忌讳出现歧视的言行。随着法规进步,任何对种族、性别、性倾向的言语骚扰,都可能会吃上官司。面对新客户、同事、主管,请给对方一些时间介绍自己、阐述自己观点,聆听者也要花一些时间吸收,学习不同文化的沟通差异,降低不必要的误会或置入刻板印象。

10. 勿假设别人都能听懂你的信息

这点对主管或下命令者至关重要,为了避免沟通上的信息落差,Email、通信软件留言,最后尽量附上鼓励提出疑问的话。

管理方法

比方"关于这个提案,你有哪些不同看法?您如何理解上述讨论"这类开放性问题,比"你懂了吗?"这种高高在上、咄咄逼人的问句更让人舒服、易接受。

11. 机密资料传送前再三确认

工作沟通最怕把隐私、机密性信息传给错误的收件人,重大失误可能造成商业上的危机。

为了避免沟通出错,传送信息前,不妨先在 Word 文件里打好,再复制粘贴到微信、E-mil 等通信软件,同时,文件也要再三确定追踪修订、文件版本都是最新且正确的,最后校对正确的收件人才好寄出。

管理启示

所有的商业人士,都需要重新上一堂"互联网时代的职业化"课程,理解互联网时代,与客户、伙伴,甚至是自己的员工打交道的方式。

笔记46 学会聪明地工作

在我看来,能做好事情的人并不是"马力最大的"而是

第六部分　聪明地工作

效率最高的。

——沃伦·巴菲特

在现代职场,很多人面临这样一种令人无奈却又无力改变的工作现状:每天的工作日程被塞得满满当当,无从下手;重要的邮件总是被淹没,难以找寻;需要找到某个项目文件,结果翻遍文件夹,也不见踪影;一个新的方案要落实下来,压力重重;想要在工作中高效学习、自我提升,却又无从下手。

这个时候 work harder 已经不够用了,而是需要 work smarter。

为什么更聪明地工作很重要,而不是更努力?如果员工对老板说:我已经很努力了,我每天加班,拼命工作,还能怎么样?老板的理解是:原来你这么努力,也只有这个程度了,还真是辛苦了。然后,员工就被末位淘汰了。

更聪明的前提是提升认知

当老板说员工聪明,做事高效,本质是员工能很好地领会了他的意图,也就是在说:员工对工作的认知,是准确的。

这个准确,包括既能领会领导说出来的部分,也能领会领导没有说出来的部分。根据我多年的经验和观察,表现好

管理方法

的员工，除了本身具备优秀的专业技能之外，他们在工作方法上是有一些共性的。比方说，他们知道公司和上级的需要，拎得清工作重点；他们善于创造性地提升工作表现。

聪明的工作认知，有两个层面：

1. 找到岗位价值：哪些是核心的业务，在团队中的角色，重要的权责，如何尽可能做有价值的工作，并获得团队的认可。只能做到工作称职，依然没有竞争力，你能创造多少岗位价值，你的竞争力就有多强。

2. 了解并回应公司的需要和上级的期望：当领导安排工作，他真正的意图是什么，如何更好地满足领导的期望。每一项工作的安排，其背后都藏着领导更高的期望。我们要做的，不只是避免领导失望，而是让领导惊喜。

管理大师彼得·德鲁克有一个经典的观点："效率是以正确的方式做事，而效能则是做正确的事"。在雇主的眼中，优秀的员工往往有一个共性，那就是：不满足于"正确地做事"，首先得懂得如何"做正确的事"。

当你接到一个新任务，或者到达一个新岗位时，你首先考虑和处理的是什么事情？是自己熟悉的事情？擅长的事情？喜欢的事情？容易的事情？安排好的事情？

都不是，而是公司认为的重要的事情。

首先，你要把工作重点放在长期规划的事项中，而不是

第六部分 聪明地工作

短期的上级派给你的任务,更不是各种突发事件。如果你和上级的合作关系是由一系列短期的任务组成的,但是没有长期的规划,那么,你就很容易变成个"救火队员"。

比如,一位零售门店的运营经理,他的长期工作重点,应该是:吸引更多客户、提升销量、降低成本,可是,不可避免地,他的精力,会被例如"顾客投诉""库存报表""员工休假"这样的琐事牵扯走。

如果他没有把主要资源和精力放在重点事情上,很可能,干了一年,他能拿得出手的业绩,无外乎是"及时反馈公司报表""处理了多少顾客投诉""有效安排员工休假"等无关痛痒的事情。

所以,我给你几点建议:跟上级一起明确你的工作重点,并且定期沟通;当你的精力被其他工作占据过多的时候,必要时跟上级反馈和沟通,请他帮你减轻负担或梳理优先级。

说完了明确长期的工作重点,我们再来说在处理临时接到的具体任务时,你也需要确认上级的期望。

老板们布置任务,常常会以他自己的认知来等同于你的认知,所以常常会犯自以为是的错误。

比如,有的老板对助理是这么安排工作的:"小杨,明天会从香港来两位客人,我明晚才会来,你中午帮我招待一下。"

有的下属就会迫不及待地回:"邱总,您放心,一定招待好。"可认知清晰的下属,会确认一些关键细节,她们会问:"他们几点到,要不要安排车去接?中午招待的预算是多少?要不要安排其他同事随行?"甚至还会问:"有哪些不方便说的话,或者一定要和他们说的事?"

你看,每个人对"招待好"的定义,是不一样的。下属理解的"招待得好",也许只是"吃顿大餐";而有可能上级理解的"招待得好",是要给客人一个好的第一印象。不去追问确认,很容易发生误会。

所以,当老板的任务表述特别简洁时,一定要多问几句,得到更多的、更确切的信息,以保证你的任务完成超出老板预期。否则你辛辛苦苦干了半天,结果完全不是老板想要的。

如何更聪明地工作?

如何更聪明地工作,而不是更努力地工作?以下是关于如何更聪明地工作的 9 个建议:

1. 把时间花在高价值的事情上

时间管理之父阿兰·拉金说:勤劳不一定有好结果,要学会聪明地工作。阿兰·拉金的意思,是指聪明人能够更有效地掌控自己的时间。最终的目的是,让时间变得更有价值。

第六部分 聪明地工作

怎么变？同样的岗位，决定身价高低的，看谁产出的价值更大。要产出更多价值，你就要把时间花在真正有价值的工作上。

大部分职场人都是从低价值的工作干起的，老板也不敢贸然把核心业务交到新人手上，只要经过一个个考验，老板认可你的能力，你才有机会负责高价值的工作。

这个过程，有什么方法可以更快速让老板认可？

第一，在有选择的时候，尽可能拒绝琐碎的工作，让自己专注于有意义的工作。

第二，在充分展现自身能力后，主动跟老板申请有挑战的工作，让老板看到你闯关升级的能力。

2. 设定较短的截止日期

帕金森定律说，在工作中，你给予的时间越充裕，这项工作就越会不断膨胀，最终占满所有的时间。虽然你应该总是为你的工作设定合理的最后期限，但可以考虑为完成任务设定更短的时间窗口，这个策略通常会提高你完成这些任务的效率。

3. 快速响应

养成立即回复别人的习惯。如果你收到了需要立即回复的工作任务，立即花时间回复，这样任务就会立即从你的列表中删除。如果你告诉某人你会就某事回复他们，试着在24

管理方法

小时内回复他们。

4. 找到本质问题再下手

马龙·白兰度在《教父》里说过：在一秒钟内就能看到事情本质的人，和花半辈子也看不清事情本质的人，自然是不一样的命运。

任何工作岗位，都是为解决某个问题而存在的。要想高效解决问题，摆脱困境，关键在于，你能更快地找到问题的本质。

所以，聪明的职场人懂得先提升自己分析问题的技巧，再去锻炼解决问题的能力。

大部分问题的产生，在于期望与现实的落差。

工作相关的利益方，他们的期望是什么。我们所面对的现实状况，与期望的达成存在哪些落差，产生落差的原因是什么。

一层层分析下来，问题的本质就会展现在你面前。提升自己的眼界、阅历，对人性的了解，对相关资讯的掌握，也能增强我们对问题本质的直觉。

5. 协调资源突破更多可能

埋头努力的人，往往困于自己的能力边界内。

打破自己能力边界的最好方法，就是整合更多的资源。当你能够协调的资源更多，你就能创造更多的可能性。

第六部分　聪明地工作

如何整合更多资源？

- 以优势的视角看待身边的一切事物，发现他人的优势才能，挖掘事物的更多用处，让对方有机会发挥优势才能，再感恩报答。
- 提升自身沟通协调的能力，说话做事有情商，能说服身边的人配合工作。
- 舍得短期利益，和更多人建立长远的合作关系，赢得更多人脉资源的认可。
- 有意识地经营已有的人脉，有方向地发展急迫的人脉，减少无效资源的积累。

6. 让会议富有成效

会议通常是必要的，在这种情况下，带着一个计划参加会议。为你想要在会议中讨论的内容和期望的结果制定一个大纲，使会议尽可能简短和富有成效，并以行动项目结束。

7. 把你的精力集中到一个焦点上

研究表明，你的大脑一次最能集中注意力的时长是90分钟。考虑多休息一下，把一天分成90分钟或2小时。这将帮助你最大限度地发挥大脑的天然能力，集中精力，提高你的整体工作效率。另外，坚持休息时间的安排，确保在90分钟的工作时间里保持专注于你的工作，并将你的手机在这段时间静音。

管理方法

8. 一次专注于一项任务

研究表明，当你从一项任务切换到另一项任务时，你实际上是在浪费时间，因为你的大脑需要时间来切换任务和改变重点。抵制一心多用的冲动。相反，把你所有的注意力集中在一项任务上，直到它完成，或者你已经准备好继续前进。

9. 练习压力管理技巧

人们最出色的工作往往是在处于逆境的情况下做的。一定程度上的思想上的压力，甚至肉体上的痛苦都可能成为精神上的兴奋剂。练习压力管理技巧，比如阅读、冥想、听音乐或练习瑜伽。这些策略可以对抗会影响你的身体、情绪和心理健康的压力，并改善你的工作表现。

管理启示

学会更聪明地工作，而不是更努力地工作，这将可以让你以更大的精力完成具有挑战性的任务，并产生更好的结果；同时它培养对你的工作、同事和你自己的积极情绪；更聪明地工作可以让你以更少的努力创造出更高质量的产品，这反过来自然会提升你的自尊。它还可以使你成为团队中的宝贵资产，提高你的工作安全感。实施必要的策略以便更聪明地工作，而不是更努力地工作，需要不断培养和实践。

第六部分　聪明地工作

笔记 47　有效把握跳槽机会

Google前首席执行官施密特说过一句名言：如果有人给你一个火箭上的座位，别问位子在哪里，上去就对了！同样，当有人开放一个好位子给你，不要花时间怀疑自己有没有那个屁股，先坐上去就是了。

在一个公司工作一段时间之后，很多人会面临一个抉择：等待加薪还是跳槽？不可否认的是，对于大多数公司，存在着这样一种现象，叫作"跳槽的涨薪幅度远高于公司内加薪幅度"。也就是说，很多公司宁愿多付出从外部引进一个新人，也不愿给老人加两千，哪怕两人的职业背景、工作能力差不多。这背后的原因是，一方面，企业会倾向外来的和尚会念经，另一方面设计一套平衡的对应不同职级、不同业绩的加薪制度，是非常复杂的。而从公司外挖人，则没有这种顾虑。

这种大环境下，通过看外面的机会，利用跳槽来升职加薪，自然也就成了一个重要选项。尤其是有一个跳槽的机会摆在面前，你却还没准备好的时候，是否该赌一把？

马特在一家电商平台担任业务，因为脑子灵活，业绩还不错，但是除了收到奖金以外，公司好像还没有给他升职的

管理方法

打算。3年前,他被同是电商平台的竞争对手看上了,挖墙脚让他出任业务部门小主管一职。

马特欣喜若狂,但是激情过后,有更多现实层面的问题需要考虑。虽然他也很想让自己的事业发展更上一层楼,但竞争对手公司内部竞争激烈时有所闻。这个业务部门总监的缺,听说也是个不容易坐的位置。对于马特这个才在电商平台打滚三四年的人来说,他实在没有十足的自信跟把握,可以应付看似有排山倒海压力的职位。

论人脉,没有交游四方;论外语,普通水平而已;论管理,尚没有带人经验。一连串的自我怀疑,让马特深信自己不是坐那个位置的最佳人选,也很担心对方挖墙脚也许是有别的目的。万一真的跳槽,反为自己的职业生涯招来危机,可就不好了。考虑良久之后,马特推辞了新的机会,选择了继续待在相对有安全感的原职位。

就在他拒绝那个位子2个月后,马特发现,该竞争公司找了他的同事阿邦去接那个部门经理的位子。阿邦与马特师出同门,两个人的实力基本上在伯仲之间,马特实在想不通阿邦哪来的勇气敢去接受那么艰巨的挑战。马特心里暗忖:阿邦撑不了多久的。

没想到3年来,阿邦不但撑下来了,还做得风生水起。这几年来,该公司的业绩表现还算平稳,阿邦甚至代表该公司接受采访跟演讲，累积自己的知名度。

最近马特再一次听到阿邦的消息，是一个新进入上海的国外电商平台重金挖走阿邦。一向敢冲、敢拼的阿邦选择了新挑战。

40岁不到，阿邦通过两连跳从一个小职员一跃成了跨国公司上海区业务部门的业务总监，可谓是事业巅峰。马特反观自己还停留在3年前的工作岗位上，纹丝不动、动弹不得。每每马特忆起3年前与机会的失之交臂，总是有无限感慨。他与阿邦两人的发展可以说是失之毫厘、差之千里。

升迁机会来了，该不该去？

俗话说，机会是留给准备好的人。但当机会来临，却自认还没准备好的时候，该怎么办？有些自信爆棚的人，即使没有十足把握，表现出来的也是信心满满。有些人个性天生自谦，即使在外被多方看好，仍是觉得自己尚有成长空间。

到底准备好了没有，其实没有一套公式跟标准。再说，现今的商业环境步伐之快，让人永远都有学习的空间。因此，当有机会来临时，客观条件觉得大致可行，真的不用因为担心自己还没全部到位而却步。因为社会分秒都在进步，人生永远没有准备好的那一天。

首先，既然对方愿意提供发展的机会，必然也经过一番

管理方法

主客观评估，势必是看重你某些能力，只要能认清自己对于该组织的核心竞争力为何，并在这一块能力上不让对方失望，就满足了对方当初的要求，即便有其他能力不如预期，但加权之下仍不失为人才。

其次，组织打的是团体战，讲究的是群体的智慧。体质健全的大组织就像一个机器，即使一部分环节运作有点问题，整体效能也不会有太大影响。言下之意，只要表现不太过失常，通常不会有太大风险。

第三，环境会驱动成长。也许在接受挑战前，有些能力你并不完全具备，但当你身处在那样的环境中，你只要愿意付出，自然每日会有每日的成长，而且成长会超乎自己预期。更上一层楼之后，接触的人不一样，格局不一样，成长的速度也会不一样。

一个人该抓住的 6 个跳槽时机

职场跳槽，如果抓不住稍纵即逝的时机，就很有可能让你摔得很惨。这其中有一点应该引起所有职场人的注意，那就是最好不要被动跳槽。

作为准备跳槽者，除了要弄清楚现有工作中自己处于哪种状态，学会跳槽技巧，知道跳槽的三个层次及为此所要做的准备工作之外，还要善于把握跳槽的六种时机。

第六部分　聪明地工作

1. 行业发展趋缓，竞争格局趋稳时

时机，可以分为主观时机和客观时机。比如说，行业的发展趋缓完全是外在因素造成的，这就是客观时机。再比如说，当媒体不再像以前那样去格外关注某个行业时，表明这个行业的热度在下降，人们的需求度在降低，这个行业里的许多公司就会减缓发展速度，竞争格局趋稳，人才往外流失。

想换新工作的时候，除了要看行业的发展以外，还要看你现在任职的公司所处的行业竞争状况。不要等到行业发展完全稳定时跳，因为如果行业完全稳定下来，晋升空间就会相应变小，机会也会趋于饱和，通俗来讲就是"一个萝卜一个坑"，如果"坑"已经被占得差不多了，你的机会就很少了。

2. 公司发展与市场影响力处于巅峰时

当你所处公司的发展和市场影响力都处于巅峰期，这个时候跳槽也是合适的时机。因为你的公司处在一个还在增长的程度，这时你的公司知名度是很高的，别人会想方设法从你的公司"挖"人，对你而言，只要公司的发展处于上坡阶段，其间你选择的跳槽时机，也都是好时机。

美国职业篮球前运动员迈克尔·乔丹，选择在自己最辉煌的时候宣布退役，虽然这让球迷们很难受，但是他也因此在球迷们的心目中成为永远的胜利者，是完美的"篮球之神"。

管理方法

同理，你在公司的发展与影响力处于巅峰时跳槽，那么你的身价自然很高。在跳槽时，你会拥有更多的主动权与发言权；相反，如果你在公司的下坡阶段选择跳槽的话，身价自然会往下跌——这时你跳槽就被动了，你会处于被挑选甚至是被嫌弃的境地。

3. 直属领导能力一般，你也无心管理时

假设你在某家公司工作了五年，在这五年里你之所以没有选择跳槽，是因为你认可之前直属领导的管理方式，可是最近新上任了一个管理能力一般，对工作缺乏野心的新领导，那对你而言只有两个选择：

一是你自己去做管理；二是如果你无心做管理工作，那就只有选择跳槽。

4. 业绩表现稳定，公司内部领先时

当个人的业绩表现十分稳定时，这就是一个主观性的跳槽时机。如果你在所处公司的内部，业绩在半年以上都处于领先水平，那你完全可以通过盘点过去半年的业绩，为准备跳槽写出一份漂亮的简历。

张楚从事电商线上运营已有两年时间，刚开始，作为职场新人的他，业绩并不乐观。这个时候他想过跳槽，但是他知道以自己现在的业绩水平不论去哪家公司，得到的待遇跟现在的情况相比较都不会有太大的区别。于是他开始不断地

第六部分　聪明地工作

向前辈学习，并且还在私下报课努力学习电商运营技能，终于在一年之后，他的业绩得到了大大的提升，让公司的利润长达八个月都实现了增长。

这个时候的张楚，通过对自己过去八个月的业绩盘点，把自己在工作中的能力优势都写在了新的简历中，然后他选择跳槽到另一家公司从事运营工作。而此时他的薪资待遇，也从原有4500元底薪变成了现在的10000元。由此可见，在公司内部业绩领先的出色职场人，完全可以靠着盘点近期的稳定业绩来为自己写出一份漂亮的简历。这样一来，他们就能让自己接下来的每一次跳槽，都变成一次次增值自己的完美时机。

5. 两年以上没有薪水、职级变动时

如果你是职场"老人"，薪水和职级在一家公司长期没有任何变动的话，你就要考虑采取一些措施来改变现状。

李默入职公司四年来，一直是基层岗，岗位和薪水和四年前相比都没有什么变化。在最近一次发薪水之后，他发现其他公司和他相同岗位的人，工资普遍比他高出30%。于是李默开始主动找领导，希望在薪水方面有所变动。但是领导的回答有些含糊其词，李默在争取无果之后选择了跳槽。李默在刚入职新公司的时候，薪水较之前公司涨了20%。入职新公司一年之后，因为工作能力突出，新公司又给他提薪

管理方法

了20%。

从上面这个案例中我们可以看出,如果你已经具备了一定的工作能力,但是在公司却一直没能得到加薪或是职级的提升,而且在主动争取之后也没有获得任何有效反馈,你就完全可以考虑跳槽到一家新公司去了。

6. 团队业绩稳定,熟悉日常管理时

对某个行业来说,管理岗位的通用性非常强。所以,如果你本身已经走上了熟悉日常管理的管理岗,并且带领着团队做出过稳定的业绩,这就说明你可以胜任大多数的管理岗位,而这时候对你来说就是比较好的跳槽时机。

管理启示

在职场中,看公司外的晋升机会是非常正常的。跳槽的本质是为了获得更好的职业发展,把握跳槽的时机格外重要,把握自己职场价值上升期,抓住主动跳槽的最好时机。把猎头当作一个合作伙伴,与他坦诚地交流自己的职业想法,能够让你保持对行业和对自身价值的敏感度。

第六部分 聪明地工作

笔记48 警惕成为"职场透明人"

所有的管理都是围绕"自信"展开的。

——杰克·韦尔奇

工作中,不乏这样的人:只知道一味地埋头苦干,不敢发表自己的看法,也怯于和上司交流,从不主动说起自己的想法或者建议,不和同事开玩笑,聚餐从来不去。这样的员工,就如同职场的"透明人":存在感非常低,无法获得关注。兢兢业业工作,结果到头来干了一两年,大老板连你的名字都不知道,同事对你也非常陌生。如果是这样,你基本上就和晋升绝缘了。

宝洁前销售总监汤君健老师说,所谓的升职加薪,本质上,不是对员工过去工作的奖赏,而是对员工未来价值的评估,其中有一个很重要的技巧,叫提升你的"职场能见度"。

六种途径提升职场能见度

那么,具体怎么做呢?我们可以从以下六个方面去提升自己的职场能见度:

第一种方法,让你的名字与一种正面能力挂钩

你要想获得晋升,首先得让你的名字被影响者、评估者、

管理方法

决策者们记住,尤其是被决策者记住。光被记住名字,是远远不够的,而是指,需要在他们的记忆中把你的名字和你擅长做什么挂钩。例如:PPT做得好、口才特别好、数字敏感度特别好、执行力特别强等;在这个区域,你的同事都不如你。

人的记忆特点,是喜欢把两样东西关联在一起,这样才记得牢。在职场中,总有一个你相对得心应手的领域或能力,也叫"统治区域"。把你的名字,与这个"统治区域"里的正面能力挂钩,是提升你在大家脑海中印象的好方法。

如果你还没有发现自己的"统治区域",我建议你可以向自己的上级,或者是有关系近的同事,请教他们对你的反馈,听听看在他们心中,你最大的优点是什么。

你也可以先找几个大家对你反馈不错的优点,然后逐步地去尝试,看看到底哪一个是自己真正最擅长的。

一旦找到这个"统治区域"之后,你就应该有意无意地,在职场建立起,自己与这个能力之间的关联;去争取与这个能力相关的项目。甚至你的朋友圈,也应该多转发跟这个能力相关的文章。

做到让别人一遇到相关的问题,就能想到你。

第二种方法,用"跨部门合作的项目"提升自己的职场能见度

第六部分　聪明地工作

在公司内部,经常会出现和你的业务没有直接关系的"公司级项目"。

比如,年会的节目表演、公司的运动会、支援新员工的培训、参加新项目的测试,或者到大学去做宣讲招聘学弟学妹等。

很多人一听到老板要布置这一类的项目,第一反应是"老板又来找免费劳动力了",恨不得找个地方躲起来。

其实,这些看似对你本职工作没有帮助的事情,却可以让你有机会,走出你的部门,和许多部门外的同事、领导一起工作,这对提升你的"职场能见度"有非常大的帮助。

如果有机会加入这种项目,一来,可以近距离接触到人力资源部的同事;二来,你可以有机会从公司用人的角度,重新审视自己的能力、价值观与公司的契合度;三来,你可以有机会观察到一次大型的跨部门协作是如何发生的。像这类的好事,应该抢着做才是。

当然,前提是只有你把本职工作做好,参加这些提升能见度的项目,对你才有意义。

第三种方法,找到职场导师

有句俗语:"首先,你得行!第二,得有人说你行!第三,说你行的人得行!"

那么如何能够找到这样的导师呢?

管理方法

有的公司，有现成的导师制度，那相对比较容易；如果你的公司，没有成熟的导师制度，也没有关系，不用搞得那么严肃，非要有一个"导师"的名头。

你通过积极参加公司级别的活动，一定有机会认识大量的高级别的管理人员。或者，你可以请你的上级，或者公司的老员工帮忙推荐认识。

你还可以参加行业沙龙，在相关论坛保持一定的活跃度等。

我个人最推荐的办法是多参加权威的培训，其实工作之后，书本上的东西能够带给你的能力提升，已经非常有限了，参加这些培训，更重要的是有机会接触到行业内的高手。

你也许会说，遇到了这些大人物，可是，如何请他们来帮助自己呢？

最好的办法，是通过具体事情，寻求他们的帮助，建立实实在在的合作，而不是仅仅吃个饭。

这里和你分享一个向"大咖"们寻求帮助的心得，那就是说清楚"你自己想做什么+遇到的困难"。

即使对方再乐于助人，如果你上去就问人家："请问我该不该去参加我们公司的合规项目呢？"这种让人搞不清状况的问题，别人想帮都帮不了你。

第四种方法："穿得更高一级"来提升你的形象

第六部分　聪明地工作

当然，穿着首先要考虑公司的大环境。

如果你在一家互联网公司，整天西装领带，肯定不合适；反过来，你在一家传统企业，整天穿着拖鞋大裤衩，那也不对。这样就会和整个组织格格不入，这种形象也是非常糟糕的。

不过，通常而言，级别越高的人，在职场上的着装越是正式。仔细观察你们公司的领导是怎么穿着的，向他们靠拢；而不是向级别比你低的同事靠拢。

第五种方法：高调做事

"故木秀于林，风必摧之"，这些都是古人的生活经验，现在是酒香也怕巷子深的年代，还把自己已有的实力隐藏起来，想要尽快出头就难上加难了。

高调做事，才是能力的体现，现在社会的内卷这么严重，当然也包括职场。一个人过于内向了，不把个人优秀的能力表现出来，是没有人会刻意去了解你的，更不要说破格重用之类的了。

给大家分享一下有助于提高我们职场运的三个高调做事的技巧：

1. 不仅工作要勤，汇报也要勤：虽然大家都能做到在工作上的各种勤快，但未必都能在工作汇报上做得也如此勤快。那么这就有可能导致我们工作上的勤快变得一文不值，

管理方法

因为工作汇报上的勤快没有跟上,所以高调做事一定要注意事与事之间的匹配。

2. 不仅干活要细,汇报也要细:高调做事的高调,指的不仅仅是行为上的活跃,还有思维(考虑)上的细致。如果只懂得热火朝天地干工作,不懂得细致入微地考虑如何去干效率才会更高,就会让我们高调做事的效率大打折扣。同样在工作汇报上也是如此,只会风风火火地跟领导汇报工作,不会深耕细作地考虑如何把汇报工作汇报得更有效率,也会影响到我们高调做事的品质。所以高调做事一定要细!

3. 不仅处事要巧,汇报也要巧:高调做事靠的不是蛮力,而是巧劲儿,工作中也不例外。如果只会笨拙地高调做事,即跟风别人张牙舞爪地模仿,就会让高调做事显得很滑稽,而且结果也会事与愿违。换作汇报工作也是如此,只会学别人的形,而学不到别人的神(巧),就很难做出真正的高调做事的效率。所以干工作也好,汇报工作也罢,想达到高调做事的效果,就一定要注意技巧。

高调做事之所以能够在职场中给我们带来运气,是因为它所带来的办事效率能够获得领导的认可及同事的赞赏。但如果没有掌握真正高调做事的方法和技巧,就得不到领导和同事的关注,就更不用说职场运气了。

第六种办法:"营销"自己的业绩

这里所说的"营销"，是"分享经验而不是炫耀成绩；教会同事而不是卖弄技巧"。

公司对于某个员工，取得了成绩，最重视的，不仅仅是成绩本身；而是这种成绩的获得，是不是可持续的、可复制的。

如果员工能够分享他是如何做到的，并且带领周围的同事一起进步，这是上级更看重的。

因此，"营销"的重点，不是在于"炫耀自己的成绩"，而是利用"经验总结会""内部邮件分享""与同事一起工作"等场合，把你的经验和心得，分享出去。

对外塑造个人品牌

除了内部的"职场能见度"，在这个自媒体时代，你也可以利用外部的曝光窗口，对外塑造个人品牌。

比如，你是某个行业的专业人员，可以写一些经验分享发布在公众号、知乎等平台，如果你擅长做视频，也可以通过短视频平台发布；如果你是程序员，多上Github这种论坛，认识大牛，发表作品；如果你是HR或职业经理人，多参加一些你们所在行业的论坛、峰会，既可以帮你认识更多的人，也可以让你提升专业知识，等等。

当然，这并不是在鼓励你过度跳槽，或者"身在曹营心

管理方法

在汉"。但扩大你的外部视野,既可以反过来提升你在公司内的价值,也可以帮助你找到新机会。你在行业有影响力以后,反而会让公司更加珍惜你的市场价值。

管理启示

在雇主视角里,没有能见度基本就等同于认为这个员工没有影响力,企业对于他未来晋升后可以创造更多价值这件事,是没信心的。而且,你的能力,不能得到公认,企业就要承担舆论的压力。

同时,你个人就像一个品牌,也需要有品牌定位、营销渠道等,不能只把自己的影响力,停留在公司,甚至部门内部。

笔记49 离开"能力陷阱"

新的一年,提升自己成为多元人才,让公司的同人们更多元发展,均是提升个人与企业竞争力的不二法门。

杨烁是一位职业经理人,在某公司担任中阶业务主管。他在公司任职已经十几年,看起来前途一片大好:不仅业绩

第六部分 聪明地工作

卓越，又颇受员工爱戴和同事好评。于是，他自信满满去争取晋升一个职位，那个职位要负责众所瞩目的全球产品统一计划。他过去的表现良好，不曾犯过愚蠢的错误，也没有做过有碍职业生涯发展的举动，更不曾与管理高层发生争执。看起来他应该志在必得，但结果是一位经验不如他丰富的同事得到那份工作，这让杨烁非常惊讶。

这究竟是怎么回事？问题就在于杨烁掉入了"能力陷阱"之中。他多方打听，上司认为他不符合新管理职位的原因是他缺乏培养人的能力。就像许多管理者一样，杨烁把太多精力放在细节上——尤其是在他的专业领域范围内，并且对他的团队进行了太多的微观管理，以至于团队的成绩完全是由他一个人来领导完成的。

他忽略了作为一个领导者更重要的事，如：没有为团队制定一个长远的战略目标；没有与核心团队成员开展深入的谈话，或者告诉他们遇到事情如何处理；也没有及时与上级沟通让其了解更多信息。

我们都喜欢做那些我们擅长的事，但当我们越擅长某些东西时，花时间做其他事的机会越小。利用我们所擅长的事获取回报要比探索新领域所获取的回报更明确，当我们在擅长的事情上打磨得越精深，我们越容易陷入"能力陷阱"：如果我们能够完成或是超量完成老板给的任务时，他们就会让我们留在当前的位置上，因为在这个职位上，我们可以表现得更好。

杨烁不能晋升就是这个原因，给他新职位的风险远高于让他待在旧职位上，因为他在公司十几年，一直在做同样的事，没有培养交叉技能。

如果想晋升到最高阶层，就必须培养出可与你自己最强项互补的技能。换句话说，要成为领导人，就不能只有单一技能，也不能一直做同样的事，必须接受多方训练，让自己拥有的能力达到最高水平，成为组织中不可或缺的人。

培养交叉技能，比专精更重要

培养交叉技能，又称非线性发展。其理论核心是，只改善一项弱点是简单的，只要透过"线性发展"，也就是透过学习与实践基本技能，就可以得到稳定、可衡量的结果。但去做更多你已做得很好的事，只会产生小幅的改善。若要获得显著改善，你必须加强互补的技能，这种做法被称为"非线性发展"。

例如运动员早就是交叉训练的代表。举例来说，若做伸展运动，并每周跑步数次，逐渐增加里程以建立耐力与肌肉记忆，对新的赛跑选手会很有帮助。但经验丰富的马拉松选手光靠增加跑步距离，无法明显加快速度。为了达到下一个

第六部分　聪明地工作

新水平，他需要透过重量训练、游泳、骑自行车、间隔训练、瑜伽等，来建立一些互补的技能，补充现有训练方式的不足。

又如瘦身，运动或节食，只做一项，效果都不好，必须两样交叉持续做，才有效果。领导能力的培训也是一样。要从"良好"到"更好得多"，你需要进行商业上的交叉训练。例如，如果你擅长技术，与其花更多时间深入钻研提升技术，不如磨炼沟通、销售之类的互补技能来得多，后者会更凸显你的专门知识或技能，同时也更能借重你的专长。

《哈佛商业评论》中有一期文章主题是《让自己举足轻重》，这篇文章作者的数据库中有三万多名接受培训的中高阶主管，一共有25万笔评量纪录，从中研究人员发现了16种正向关键技能，除了每个人必须拥有一项专业技能外，如何沟通、如何建立人脉、如何策略思考、如何倡议，创新、推动变革等，也都是重要技能。

研究发现，有些技能的互补性极强，若同时拥有两项互补技能，比深入一项技能的人，绩效胜出非常明显。例如，若只是"专注追求成果"，却不重视"建立人际关系"，只有14%的人有机会达到卓越；但同时拥有这两项，则有72%的机会。又如技术很扎实的人，若同时"沟通能力强"，铁定更卓越。

管理方法

像水一样扩展自己的边界

李小龙的水哲学启迪了很多人,我也一直受益良多。他的水哲学理念核心是:人生需要像水一样自由,没有形式的拘束,适应一切变化。李小龙本身也是水哲学的践行者。他不断地尝试用新方法与自己的想法融合来创造新的艺术。

李小龙认为你应该"利用一切你能利用的资源",不仅仅局限在一个形象里,要能适应新的环境,在新的环境里塑造一个新的自我形象。

应用到职场,就是你不要把自己局限在自己擅长的岗位上,尤其是如果你要晋升,你应该利用一切资源和环境塑造一个新的自己以更好地胜任新的职位。

管理启示

在能力上固守一隅发展空间只会越来越小,虽然重塑自我是一个很漫长的过程,但它能让你从更多的人身上学到新的东西,最终会让你的事业也发生转变。

番外篇

笔记50　好的领导者必须看懂三张表

从一个优秀企业家的角度来看并分析企业财务状况，会让你站在企业家角度思考问题！会很好地了解企业的基本情况，更接近企业的真实的一面！

说到财务报表，有些老板可能会想：那是财务该干的事，不需我去弄懂啊。也有领导者认为这个事挺复杂的，所以也不愿意看，因为看不懂！

其实看不懂财务报表的后果挺严重的。

比如说公司并不赚钱，你还在盲目地投入

比如说有人欺上瞒下，可只有你被蒙在鼓里

比如说公司人越来越多，但比以前赚的更少了

比如说看着公司也没什么问题，但公司越来越被动……

管理方法

领导者是企业推进高质量发展的"领头雁",要想做出高质量的正确的决策,必须能够看懂并熟练运用"三张表":现金流量表、资产负债表和利润表。

也就是说你可以不会做报表,但至少要能看得懂报表。看懂报表,有利于你去找到与竞争对手的差异,这种差异化分析会是你竞争成功的关键。

第一个就是现金流量表。是一定期间内(比如一年)企业资金的流入流出情况表,反映一个企业的现金流的情况,也是一个动态报表。它是衡量一个公司健康状况的非常重要的指标。

现金流可以帮助你了解并掌握公司的命运,这是公司运营的血液。它可以准确地用数据来告诉你出账多少,入账多少,现存多少,很多经理和投资人都要看现金流来衡量收入。自由现金流会让你了解公司的状况,了解股东是否获利,债务能否偿还,是否可以贷更多的款以加快公司发展。

关于现金流,我们要了解的最主要一点就是,它不会说谎。如果你听一个人在谈论公司的利润,那么他应该是个新手,真正的高手和职业投资人,反倒是不那么注重利润,他们更关注公司的自由现金流情况。利润是可以造假的,也是可以粉饰的,但现金流没办法作假。

第二个是资产负债表。资产负债表,是截至某一个时点

（通常在月末或者年末）企业的资产负债所有者权益的状况，反映一个企业的资产实力，是一个静态报表。

什么叫资产？公司账上的现金、短期投资的债权、理财产品、已经交付客户应该付你的钱、库房里的存货、长期投资、拥有的办公楼、车、厂房、生产线、知识产权等，这些都是公司的资产。什么是负债？向银行借的钱、欠供应商的应付账款、客户给你的预付款、公司发行的长期债权等。

说白了就是，用资产减去负债，就是真正属于你的，叫作所有者权益。

第三，利润表，也叫损益表，是一定期间内（比如一年内）企业的盈利情况、经营成果表，反映一个企业的赚钱能力，是一个动态报表。简单的公式就是收入－成本＝利润。

通过损益表，你能看出来：一家公司的主要收入来自哪里？主营收入外，有没有投资收益，或者其他营业外收入？成本结构如何？直接销售费用占比多少？管理费用呢？财务费用呢？交了多少税？公司净利润是多少？

每张利润表背后都是一个故事，它会告诉你这个公司的前景如何。我们举一个例子：一个懂财务的销售经理去应聘，结果他看到了公司的利润表，就当即决定不干了，因为该公司过去三年销售成本每年增长5%，而收入却没什么起色，于是他判断，这是一个相当大的烂摊子。

管理方法

不同"视角"解读三张表

"流动比率"视角：流动比率就是流动资产几倍于流动负债。通俗地说就是：你手上的钱，够还债吗？国际上认为，流动比率为2比较安全。你手上有2块钱，有1块钱短期要还人，比较安全。但是如果你欠别人1块钱，但手上只有0.6元。这就很尴尬了。一旦加上了"视角"，这三张表就有意思了。

"资产收益率"视角：就是用利润除以资产。意思是，你有100块钱资产，一年后赚了35块，你的资产收益率就是35%，说明你拿钱赚钱的能力不错，作为投资人会比较关注这块，他就愿意投资你。

"周转天数"视角：这个比较复杂。就是平均存货余额，乘以360，除以主营业务成本。你就理解为，你进了一批货，多少天能卖出去。2天卖出去，显然比20天卖出去收益好很多，风险小很多。

差异化分析

管理者一定要注意报表的差异化分析，吃透数据，对那些异常上升的项目都要找出原因。

面对数据，你要逐一审阅，认真分析，要敢于质疑它们的来源及背后原因，并且探讨一下这些数据的变动趋势及会引起什么结果。比如你在看报表的时候，可能会发现成本在上升，你就要问怎么回事？是原材料涨价，还是销售返点在提高，市场竞争激烈了？而更有前瞻性的数据是订单数量，订单上升是个好消息。反之，你就要赶紧想办法了。如果是财务老手，他们可能不会看得那么细致，只需要扫一眼几个数字就好，比如毛利率就是必须要看的，这就是收入减去原料成本然后比上收入。此外，他还会关注投资回报率，还有市场份额，前者会影响投资者情绪，后者表明客户满意度。

我们看一个例子，老孟刚空降到一家农特产企业当职业经理人，他上任的第一天，老板就告诉他，整个企业的销售额和利润指标都非常差，要他在半个月之内找出问题和解决方法。

老孟没有财务方面的专业知识，面对一年几十万个订单的销售利润数据，怎么找到问题并解决呢？好在老孟有专业的行事逻辑，他把销售和财务一起邀约过来开会，把所有财务数据表打开，把各种数据打散，再分类组合，进行各种比较来一起找出问题。老孟首先让财务把所有的订单按照产品线、销售地、门店、客户进行分类，接着把每条产品线、每个销售渠道、每类客户的销售和利润数据汇总，并且把汇总的数据和前三年同期数据，还有每年的预算对比，看看差距在哪里。

通过一系列的差异对比分析之后，老孟很明显地发现，

管理方法

大客户渠道的销售额增长稳定，但是利润每年都在降，主要是因为被最大的两家客户的负利润率拖累；而门店渠道的利润率很差，而且销售额一直在往下掉，主要是由于有些农特产品的损耗率和采购价高。有了这些差异分析的结果，老孟心里就清楚多了，他让财务和大客户部一起对最大的两个客户订货的商品逐一进行分析，看看是哪一个商品的生产运输出现了问题，导致成本上升利润下降；而对于门店的利润率，他让供应链负责人和财务、门店经理一起，找出损耗率高的环节并商讨提高采购议价权的方法。最后，只用了10天，老孟就清楚地诊断出这家农特产企业的问题的根本原因，并按部就班整理出了相应的整改方案。

管理启示

　　为什么要懂得阅读资产负债表，利润表，现金流量表？因为这三张财务报表，会用数字讲述企业的经营故事，是领导者必须掌握的商业语言。

　　怎么看这三张表？要懂得各种阅读视角，比如流动比率，资产收益率，周转天数等。我们同时还要清楚一个中心点是：差距分析。在此基础上进行两个比较：一是纵向比，与历史数据对比；二是横向比，与竞争对手比，与行业平均水平对比，跟标杆行业对比；通过比较我们就能发现差距在哪里，

番外篇

并由差距入手，深入分析原因和解决方案，这样才能不断修正企业的经营方向，实现企业的可持续发展。

笔记 51　管理人不得不知的职场情感账户

情感账户是衡量人际关系信任度的账户。管理好感情中的"情感账户"，别让自己严重赤字。

人在职场，管理者与员工之间，仅凭职务和规章制度，并不能保证相互合作顺畅，更重要的是建立"情感账户"。

史蒂芬·柯维在《高效能家庭的 7 个习惯》一书中提到一个观点：我们每个人都需要建立情感账户，同时情感账户是需要储蓄的。他说，如果你与家庭成员的情感账户里留有大量余额，那就意味着你们之间存在高度的信任，交流坦诚而无拘无束。你甚至可以在关系中犯错，因为情感储蓄可以对此加以补偿。但是，如果账户里的余额极少甚至已经透支，信任就不复存在，因此也就没有真诚的交流可言。这就好像是在雷区里行走，你要时时提防。你必须字斟句酌，甚至连你比较善良的意图也会遭到误解。

管理方法

这个原理同样适用于职场。良好的互动关系是减少职场焦虑和职场抑郁的润滑剂，而建立职场情感账户，则更是一项我们在职场上必备的能力。

情感账户是职场互动的主要推动力

情感账户体现了我们与他人关系的质量。想象一下，一家公司里，大家都用冷冰冰的规章制度来工作，与机器人车间何异？

有了情感账户，就让人与人之间的互动有了能量。你既可以"储蓄"，在关系中积极主动帮助别人，增加互相信任前提下的互动，你也可以"取款"，通过消极被动的方式降低信任程度，减少情感账户的余额。

账户当中的信任余额，决定了你与别人交流和解决问题的效果。你处于职场危机，需要别人雪中送炭时，才会感慨情感账户的重要性。如果你拥有情感账户，相当于能力加持，多了一项解决问题的工具，也增加了解决工作难题的成功概率。

情感账户的基础是相互信任

"情感账户"里的储蓄是人际关系中不可或缺的信任，是人与人相处时的那份安全感。

你付出的基础是让团队成员产生"他信任我"的安全感，继而才会有相互信任。信任建立了，才有互相依赖，这就是更深沉的信赖。

信赖可带来团队成员之间轻松直接且有效的沟通。反之，粗鲁、轻蔑、威逼与失信等，会降低情感账户的余额，到最后甚至透支人际关系。

如你的下属给你零食吃，你每次都不要，他就会暗暗琢磨："他是不是对我有什么意见？"这种想法除了会破坏你们之间的关系，还会影响他的工作。

人们互为彼此的情感银行。你帮他一个忙，他就从你这儿取了"钱"，相反，你就在他那儿存了"钱"，下次遇到需要他帮忙的地方，你就可以把存在他那儿的"钱"取出来用。

健康的情感关系建立在双方"存取平衡"的基础上。也就是说不要只想着从别人那里"取钱"，让别人帮你，而你却从来不帮别人，这样的话，你就在别人的情感银行里"负债累累"并失去信誉。当然，也不要过于独立，什么忙都不找别人帮，什么都靠自己，那很可能那些想跟你建立关系的人下次就不会再来找你。

如果你某一方面的能力远远超越周围人，那么在不影响自己正常工作休息的情况下，主动帮助别人，就是给自己储蓄情感账户。

管理方法

越是持久的关系,越需要不断地储蓄。

职场中还有一个非常微妙的人际关系,就是和客户的私交。与客户建立私交的第一条法则,就是不能强求。你可以主动地迈出第一步,发出聚会的邀请,但是不要"狂轰滥炸"地频繁相约,顺其自然是建立关系的起点。接下来,最重要的就是要保持独立和客观。过于亲密的私交会对双方在生意场里的信任度有所损害。双方的老板、同事会或多或少地认为你们在交易时牺牲了公司利益。所以,尽管与客户的私人关系可以对工作产生很多积极的影响,但如果自觉无法把握其中的尺度,还不如干脆"君子之交淡如水",先在工作上保持高质、高效赢取客户的信任,在重要节日和特殊时刻给予对方真诚的问候即可。

怎样增强我们的情感账户

史蒂芬·柯维在《高效能人士的7个习惯》一书中告诉我们,情感账户的7种主要投资方式:

- 理解他人,理解他人是一切感情的基础。
- 注意小节,一些看似无关紧要的小节,如忽视礼貌,不经意的誓言最能消耗情感账户的存款。
- 信守承诺,守信是一大笔储蓄,背信则是庞大支出,代价往往超出其他任何过失。

- 明确期望，几乎所有的人际关系障碍都源于对角色和目标的期望不明，或者意见不一致。
- 正直诚信，正直诚信能够产生信任，也是其他感情投资的基础。
- 勇于致歉，当我们重新按账户提款时，要向对方诚心致谢，这样会帮我们增加存款。
- 无条件的爱，无条件的爱可以给人安全感和自信心，鼓励个人自我追求成长，由于不附带任何条件，没有任何牵绊，被爱者得以用自己的方式检验人生种种美好的境界。

如何维护情感账户

第一，养成随手存款的好习惯。情感账户的维系，是长期的。临时抱佛脚的行为不可取，你可以学习扎克伯格，试着每天给你的员工写一张感谢卡，让你的员工知道你对他们的感激；你可以在每次客户的项目交付后，感谢每一个提供过帮助的客户的员工；你可以在犯了错误后，勇敢地承认错误；你可以主动在会议结束时，发一份报告给全体与会人员，省去大家总结时间；你可以在同事沮丧时，陪他在茶水间喝杯咖啡；你可以在新员工惶恐焦虑时，给他一些建议，然后拍拍他的后背，说加油……

第二，你要给下属个人的关怀，但不能走得太近。你不

管理方法

能把建立情感账户演变至追求成为一个"受欢迎的领导"。你要在给下属个人关怀和直接给他们布置挑战之间达成平衡。

第三，不要追求泛泛的关系。什么是泛泛的关系，就是想通过频繁的聚餐来维系关系，这种事情适量即可，过量没有意义。一些领导经常犯的错误是，他们以为与下属的关系在工作中只会恶化，而只有在部门假期聚会或在其他的社交场合中才能得以建立和修补。如果社交就是你和下属打好关系的唯一途径，那么结果往往是：要么工作中你这方面努力做得不足，要么你晚上和周末的时间被各种社交任务占据，因而在工作之外失去自己的生活。

曾有一位企业家的公司以数亿美元被收购，而不到一年后，他却选择了离职，放弃了大量的个人财富。为什么呢？他含泪抱怨道："这里没人听我的想法。"

因此，想要和员工处好关系，认真倾听员工真实的想法才是最好的方式之一。

管理启示

在职场，情感账户里存的是信任、价值、情感。我们建立情感账户时，首先要通过存款建立信任，然后是不要透支账户即不可透支下属对你的信任，最后要做好账户的维护。总之，我们要在互动中做到成人达己，成人者成己，成己者成人。